EU 拡大のフロンティア
——トルコとの対話——

EU拡大のフロンティア

——トルコとの対話——

八谷まち子 編著

信 山 社

【目　次】

第2章　加盟交渉のダイナミズム――アクター、争点、支持

／八谷まち子

第3章　ドイツにおける外国人問題とトルコ

／森井裕一

第4章　ドイツとEUの拡大――トルコ加盟問題を中心に

／森井裕一

第5章　加盟交渉過程のトルコ政治への影響

／間　寧

第6章　加盟交渉過程の対EU関係・世論への反映

／間　寧

〈執筆者紹介〉

八谷まち子（はちや まちこ）（編者） 序章、第1章、第2章

九州大学大学院法学研究院准教授。九州大学法学研究院博士後期課程単位取得退学。専門は、EUの政治過程、EU-トルコ関係、国際政治。主要著書・論文は、「「善意の専制主義」を超えて—欧州連合（EU）とサブシディアリティ原則」（宮島喬編『現代ヨーッロッパ社会論』人文書院、1998年）、“Who Implements Integration?: An institutional analysis of comitology”（日本EU学会編『日本EU学会年報』20号、2000年）、「EUの拡大と対トルコ政策」（九州大学法学研究院紀要『法政研究』70巻1号、2003年）、「トルコのEU加盟は実現するか」（日本国際政治学会『国際政治』142号、2005年）、「欧州統合と世俗主義—トルコのEU加盟問題の視点から」（九州大学法学研究院紀要『法政研究』73巻3号、2006年）など。

間　　寧（はざま やすし） 第5章、第6章

日本貿易振興機構アジア経済研究所地域研究センター中東研究グループ長。ビルケント大学大学政治学博士。専門は、比較政治学、トルコ政治経済。主要著書・論文は、編著『西・中央アジアにおける亀裂構造と政治体制』研究双書No. 555, アジア経済研究所, 2006年)、“Democratization and Islamic Movements in Turkey.” In *Popular Movements and Democratization in the Islamic World,* ed. Masatoshi Kisaichi. London: Routledge, 2006, *Electoral Volatility in Turkey: Cleavages vs. the Economy,* Occasional Papers Series No. 41, Institute of Developing Economies-JETRO, 2007など。

森井裕一（もりい ゆういち） 第3章、第4章

東京大学大学院総合文化研究科地域文化研究専攻 准教授。東京大学大学院総合文化研究科国際関係論専攻博士課程退学。専門は、ドイツ政治、EUの政治、国際政治学。主要著書・論文は、Cooperation Experiences in Europe and Asia（H. Jaungと共編著、信山社、2004年）、『国際関係の中の拡大EU』（編著、信山社、2005年）など

欧州連合（The European Union）の加盟国と加盟候補国

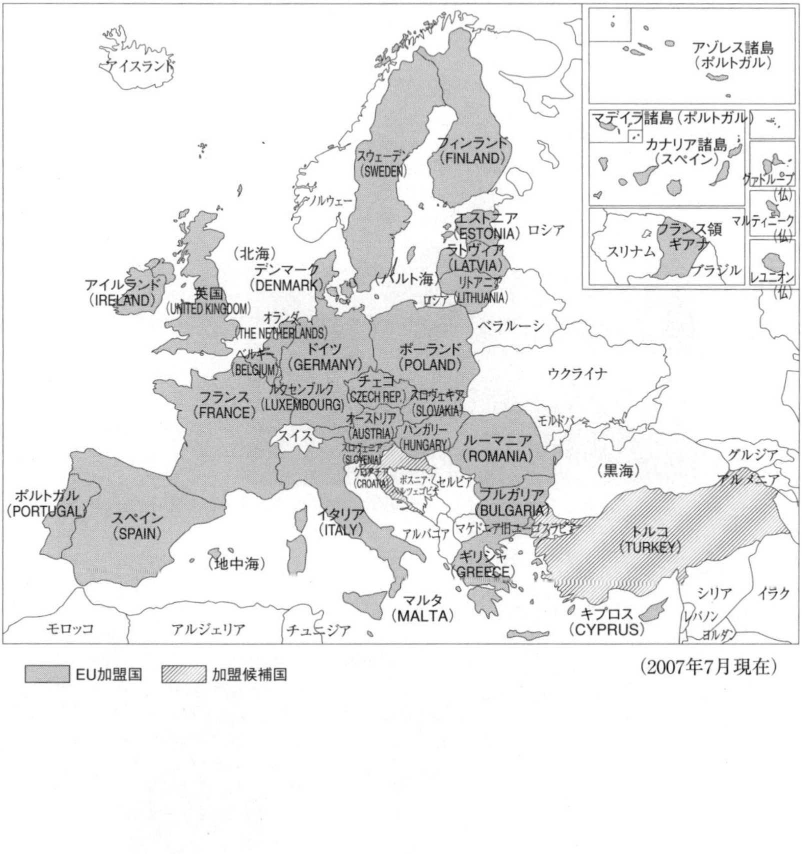

EU加盟国　加盟候補国

（2007年7月現在）

アンカラの公正発展党(AKP)本部。党首で首相のエルドアンとアタチュルクの写真が並ぶ

ラマダン開始の日のタクシン広場で、弁当を配るイスタンブール市の車

EUの地図の前に立つイスタンブール文化大学のドイツ人教授と彼女のトルコ人アシスタント

EU拡大のフロンティア

序　章
拡大するEUのフロンティアとしてのトルコ

八谷まち子

はじめに――EU拡大という主題

1990年代は、EUがあらたな発展期を迎えたかのごとくであった。1993年の欧州連合条約（Treaty on European Union）によって政治共同体への基盤の第一歩を獲得し、1995年第4次拡大（オーストリア、フィンランド、スウェーデン）を実現したEUは、冷戦体制の崩壊という国際政治の大変動がもたらした新規加盟申請国の行列に対応する体制を踏み出していた。

そのなかで、トルコとEUは、1996年から関税同盟を実施したが、それがトルコのEU加盟へと至るであろうとはみなされていなかったし、実際、1997年に発表された『アジェンダ2000』は旧東欧諸国の加盟を念頭においた報告書であって、トルコについては関税同盟の完全実施を求めているに留まった。すなわち、EU拡大とは、EU加盟国の増大を意味しており、それは、あくまでも旧東欧諸国を中心に展開されることと理解された。それでも、加盟申請国が短期間に集中したことや[1]、ヨーロッパの分断が解消され民主制の平原が広がるという歴史的意義を持つことのために、

(1)　1994年4月から1996年6月までの期間に、旧東欧、ソ連諸国の10カ国が加盟申請を行った。そのほかに、キプロスとマルタの島嶼国の申請は、前者が1990年7月、後者が1998年9月になされている。

「拡大」をテーマとした研究は、各国の加盟準備状況の事例紹介から理論化の試みまで、百花繚乱の相を呈するごとくであった。

そして、1999年のヘルシンキ欧州理事会で、トルコを公式に加盟候補国と位置づけたことに加えて、既に加盟交渉を開始していた10カ国の同時加盟方針が明らかにされて、拡大は一挙に弾みがついた。すなわち、EUの政策として最優先課題となったのみならず、研究課題としても一層注目と関心が高まっていく。そのことは、各国の個別的事例の検証のさらなる蓄積とともに、共通した原則の探求とその精緻化へとおのずと進展していくのである。

I　EU拡大研究とトルコ

EUの政策研究では欠かせない雑誌となった*Journal of European Public Policy*（*JEPP*）は、「拡大」をテーマにした特集号を2回発行している。初回の1999年第5号は、NATOとEUのそれぞれの拡大を国内制度構築の観点から論じる一篇とEU拡大そのものを論じる4篇の論文を掲載している(2)。「コペンハーゲン基準」が明らかにされ、いわば「拡大レース」が熱を帯びた頃に執筆されたであろうこれらの論稿は、旧東欧諸国の研究者によって、「ヨーロッパ」へ回帰する作業のなかで遭遇する困難と、そうした作業に携わる自国の将来像に関する考察がなされている。これらの論稿の大前提は、近い将来に実現するEU加盟であったことは言うまでもない。このような文脈おいて、トルコが取り上げられることはほとんどなかったことはむべなることであろう。

---

(2) *Journal of European Public Policy,* Volume 6, Number 5, 1999. 本号には、「拡大」以外のテーマを扱った論文も3篇所収されている。

1 「拡大」研究の進展

1990 年後半からの「拡大」に関する研究の拡大は、(トルコを例外として) 個別事例の豊かな蓄積をもたらし、当然のことに、共通した原則の探求へと発展していく。上述した JEPP は、初回の特集から 3 年後の 2002 年の特集号で「拡大」の理論化を試みる(3)。編者のシメルフェニッヒとセーデルマイアー (F.Schimmelfennig and U.Sedelmeier) は、「拡大」を「公的な制度化の漸次的で水平的なプロセス」であると定義する。そのうえで、このように定義された「拡大」へのアプローチには大きく分けて合理主義と構成主義の 2 つの流れが指摘できるが、EU のいわゆる第 5 次拡大とは、単に経済効果のみには帰せられない複数の要因によって動いている政治的なプロセスであると結論付ける。そして、それぞれの加盟申請国に特殊な複数の要因が指摘され得るとの観点から、比較研究の重要性を説いている(4)。

同巻に所収されているヤハテンフクス (M. Jachtenfuchs) はさらに慎重に、課題への開放的アプローチを推奨する(5)。それは、「拡大」のプロセスが提供する制度構築、理念、国内政治、外交、パワーゲーム、合理的選択論などの多大な課題のなかから、はたしていかなる要因が「拡大」を統合理論の一部に組み込むことを最も可能にするかの見通しをつけるには至っていないことを意味していると思われる。こうして、「拡大」の理論化へ至るには経験的知見の蓄積は未だ不十分であるとの判断にたった彼は、「拡大」の主要な原因の証明を試みるのではなく、アクターや時期に注意を払いながら、理念やアイデンティティの役割を引き出すことができるよ

---

(3) *Ibid.,Special Issue: European Union Enlargement - Theoretical and Comparative Approaches,* Volume 9, Number 4, 2002.

(4) F.Schimmelfennig & U.Sedelmeier, "Theorizing EU enlargement: research focus, hypotheses, and the state of research," in *ibid.,* pp. 500 – 528.

(5) M. Jachtenfuchs, "Deepening and widening integration theory," in *ibid.,* pp. 650 – 657.

うな、選好の形成と決定過程の分析からの接近が重要であると説いている。ヤハテンフクスにおいても、「拡大」とは単に経済効果や合理性のみの追求では説明しえない政治過程として理解されている。

当然のことながら、ヤハテンフクスやシメルフェニッヒが推奨した事例研究を中心としたアプローチが一定の成果をもたらすまでには、ある程度の継続した時間を必要とする。第5次拡大については、JEPPやJournal of Common Market Studies（JCMS）[6] などの雑誌を中心に研究事例が蓄積されていったその成果は、再びシメルフェニッヒとセーデルマイアーによって、「ヨーロッパ化Europeanization」という概念を軸に、理論的分析といくつかの事例研究としてまとめられた[7]。「ヨーロッパ化」とは、「政治制度としての国家がEUの規則を適用していく過程[8]」と定義されており、加盟申請国の国内政治の変容を説明する概念である。すなわち、規則の適用を通して新たな制度の構築が期待されるのである。その結果、第5次拡大の中心であった旧東欧諸国については、民主化と共に市場経済化も顕著に進展して[9]、「拡大」は政治的安定と経済的繁栄を可能にした「過去最も成功したEUの外交政策」とみなされることになる[10]。

2　トルコへの拡大？

トルコについてはどうであろうか。トルコがEUへの加盟を申請した1987年からほぼ10年の間は、トルコのEU加盟を真剣にとりあげる研究者はほとんどいなかったのではないかと思われる。それほどに、トルコの

---

(6)　JCMSにおいては、例えば、H.Sjursen in Vol. 40, pp. 491－513. Schimmelfenig, Vol. 41, pp. 495－517.

(7)　F.Schimmelfenig and U.Sedelmeier (eds.), *The Europeanization of Central and Eastern Europe,* Cornell U.P., 2005.

(8)　*Ibid.,* p.7.

(9)　田中素香「東方拡大とEU経済」羽場久美子・小森田秋夫・田中素香編『ヨーロッパの東方拡大』（岩波書店、2006年）、30－60頁、特に39－40頁。

(10)　東野篤子「EUの東方拡大政策」同上113－132頁、特に129頁。

EU 加盟は可能性が低いというのが一般的な理解であった。ところが、事態は、1999 年から大きく動いた。ヘルシンキ欧州理事会の結論は、ようやくトルコの EU 加盟研究を、先行していた旧東欧諸国と同等の位置に置いたといえようか。いや、むしろトルコ国家を既存の加盟国や居並ぶ候補国に比べた場合に即座に惹起される違和感の故に、「拡大」のアノマリーとしての特異な位置を占めることになったと言うほうがより正確であろう。さらには、トルコの EU 加盟に極めて否定的な政治家の発言が相次いだことも一因であろう(11)。トルコ加盟問題は、拡大を扱う論稿において、正の場合も負の場合も、挑戦課題として言及されるようになった(12)。仮に「ヨーロッパ化」という共通の分析概念が適用されても、トルコに関しては、常に、その困難さが出発点であったと言える。

しかしながら、トルコにおいては、当然のことながら、EU との関係を独立変数とする多様な課題の国内政治研究が展開されていた。2000 年に刊行された英文雑誌 *Turkish Studies* はトルコの歴史、文化、社会、外交、国内政治をカバーする。英語による学術雑誌の刊行は、その投稿者の多くがトルコ人研究者で占められていることに鑑みて、トルコの視点に立った発信源として貴重であり、この筆者のようにトルコ語の知識を持たずとも、トルコの EU 加盟についての知見と理解の幅を拡げることを可能にする大きな助けとなる。*Turkish Studies* は第 4 巻第 1 号において「トルコと EU」という特集を組んだ(13)。トルコにとっての課題とされる人権、キプロス問題をはじめ、安全保障、EU 関係の概観、トルコナショナリズム政党の反 EU 感情まで、幅広い主題を取り扱った内容となっている。換言すれば、トルコの EU 加盟に違和感を覚える人々が指摘する多くの課題は、

---

(11) 典型的には、憲法条約制定のための会議の議長であった V. ジスカール・デスタン（Valérie Giscard d'Estaing）の発言。

(12) たとえば、庄司克宏「欧州憲法と東西欧州」同上 61－79 頁、特に 66－68 頁。

(13) *Turkish Studies,* Ali Çarkoğlu and Barry Rubin（eds.）, *Special Issue: Turkey and the European Union,* Volume 4, Number 1, Spring 2003.

トルコにおいても研究課題として議論されている。

トルコとEUの関係を、トルコ国内政治に対するEUの影響力という観点から検証、分析したウーウル（M.Uğur）は、アンカラ協定や関税同盟などの節目を機に、EUが透明性を高め関与を明確にした分野はトルコ国内でもヨーロッパの基準への収斂度が高くなっているが、EU加盟へ向けての課題が多く指摘されている分野は、これまでのEU–トルコ関係において、EUの関与の透明性が低かった分野であることを明らかにしている。ウーウルは、このような関係の力学をEUの「アンカー力」と呼ぶ。そして、既存の協定分野においてはEU、トルコともに裁量とあいまいさを多く残しているために、EUのアンカー力はトルコ国内では制限的な効果しかもたらしていないと結論付ける[14]。換言すれば、トルコがEU拡大の一翼を確固として占めるためには、EUによる明確な関与が不可欠ということになるであろう。

同じくウーウルとジャネフェ（Canefe）の共同編集によるトルコのEU加盟への展望を検証した著作[15]は、政治勢力、社会勢力、イスラーム、世俗主義の動きを中心にトルコ国内のEU加盟に関する議論を分析する。そこでは、EUへの加盟の見通しが高まるにつれてトルコ国内のEU支持に党派的差異が縮小することが明らかにされている。すなわち、EU加盟へ向けたトルコの「ヨーロッパ化」は、EU側の態度に大きく関わっているといえる。

「拡大」という研究分野の進展のためには、共通の項目をたてて国ごとの事例を重ね、比較するというシメルフェニッヒが提案した方法が不可欠であると思えるが、一方で、一国だけの多様な事例を明らかにする作業は、

---

(14)「アンカー力」の対をなす概念として、トルコ国内における「信頼性Credibility」を指摘している。Mehmet Uğur, *The European Union and Turkey: an Anchor/Credibility Dilemma,* Ashgate, 1999.

(15) M.Uğur and Nergis Canefe (eds.), *Turkey and European Integration: Accession Prospects and Issues,* Routledge, 2004.

その国の特殊性であるかもしくはEU拡大というプロセスの特殊性であるかに十分注意する必要がある(16)。新規加盟については、交渉開始も加盟の承認もともに理事会の全会一致による。したがって、EU と加盟申請国という二者間関係に留まらず、既存の EU 加盟国と加盟申請国との関係も「拡大」の重要な要因となるが、そのような二国間関係は、「拡大」研究においては、常に、EU の枠内で考察されることが要求されて、マルチレベルなゲームとよべる性格を持つといえる。

II 問題関心と本書の構成

ヘルシンキ欧州理事会結論は、EU の 21 世紀の始まりを拡大一色とした。それは、EU 研究全体にあらたな活力を与え、拡大についての膨大な文献を産み出し、加盟国の増加とともに EU 研究者の数も大きく膨らんだのではないかと思われる。おそらく、主には新規加盟国を研究対象とするであろう新たな研究者が提供する知見が、EU 研究そのものに厚みを加えていることは確かである。加盟国の増加は、さらに、2004 年に署名された欧州憲法条約をめぐる議論とあいまって、ヨーロッパのアイデンティティや「ヨーロッパ」の定義を現代の文脈での新たな論題となした。

1 問題関心

「拡大」していく EU は、経済的な地域共同体から脱して「価値の共同体」としての自己同定を標榜している。「コペンハーゲン基準」で EU の価値を明らかにし、「アキ（*Acquis Communautaire*、既存の EU 法の総体系）」

(16) ただしこの点に関しては、シメルフェニッヒとセーデルマイアーは、EU 加盟によって期待される高度の恩恵と時間的な制約のために、国内制度の違いはさして重要ではないと結論付けている。そして、制度的制約や伝統は、そのような要素を許容し得る程度に EU の規則が柔軟である限りにおいて、影響があると述べる。前掲・注(7) 225 頁。

の国内法化を通して価値の実現の基盤を整備するのである。それは、かつての単一市場創設のプロジェクトをはるかにしのぐ大事業となるであろう。民主制のあり方や人権が常に重要な課題として指摘されるトルコ加盟は、「価値の共同体」構築の最前線にあると言っても過言ではない。

トルコはまだEUの候補国の地位に留まっており、2005年10月3日から加盟へ向けた交渉が開始されたばかりである。トルコはそのための準備段階として、「国家プログラム」を策定して国内改革に取り組み、EUが要求する「アキ」に調和した国内法の改定にも取り掛かっていた。こうした作業は、トルコにとっては国内改革を進める絶好の機会を提供している一面がある一方、共和国建国以来の国家の西洋志向に実質的に調和する制度的基盤を整備することになるはずである。すなわち、トルコの「ヨーロッパ化」は、市場経済の基盤強化と広範な分野にわたる民主化の促進であり、それは社会の深遠部にまでおよぶ大変容を伴う一大改革事業であり、アタテュルクが目指した「西洋に列する近代国家」を外からの圧力で、実体化するプロセスとみなすこともできる。

しかしながら、そのようなトルコの取組みに対して、EUの扉は容易には開かれそうもない。新たな12の加盟国と比べてもはるかに低いGDP、しかしながら7千万人を越える人口、そして「ヨーロッパ」の東の端に位置するイスラームの国であるという既存のEU加盟国とは異なる文化背景、加えて、安価な労働者の大量移入の可能性やEU内で2番目の人口を抱える経済的後発国に対処できる準備が出来ていないという現実的な不都合、さらに、EUの基準に比べて多くの問題が残るとされる人権問題、軍が有する政治と社会への特異な影響力、そしてキプロス島の分断状況がもたらす二国間問題など、トルコに対する留保は消えそうもない。だが、その一方で、トルコとの対話を維持し継続させていく必要性は、地域的安定の観点からも十分に認識されており、トルコをEUプロセスから排除しないための小出しの方策が続く。

このような状況は、EUは、たとえば安全保障やエネルギーの安定供給などの現実的必要性と自らが標榜する価値との均衡を、トルコにおいても見出そうとしていると理解することもできる。それは、これまでの加盟申請国のどこよりも時間を要する、なかなかに困難な作業であることが明らかになっている。だが同時に、例えば 1997 年からの 10 年を取り上げてもそこには確実な「ヨーロッパ化」の進展も指摘できる。すなわち、トルコとの関係は、拡大していく EU にとっての挑戦的課題のフロンティアを形成しているといえるであろう。そのフロンティアの現場を国際関係論的、歴史的、そして国内政治的視点から、多角的に解明しようというのが本書の試みである。

2　本書の構成

本書は、EU 拡大というこの 15 年余の顕著な展開のなかで、最も挑戦的課題を提供しているトルコを対象国として考察するものである。そのうえで、「拡大」における当事者としての EU、既存加盟国、加盟申請国の 3 者の重要性を十分に認識して、3 部構成となっている。すなわち、EU、ドイツ、トルコがそれぞれに 2 つの章において論じられる。

第 1 章においては、トルコを加盟候補国とする 1999 年 12 月の決定をめぐっての EU の議論の展開を追う。EU・トルコ関係における大きな転換点をもたらしたはずのこの決定過程は、しかしながら、EU の明確な政策によるものではなく、当時のヨーロッパ域内の安全保障をめぐる状況や、トルコとギリシアの二国間関係の改善、さらには予期せぬ天災によってもたらされた後日談的要素など、EU とトルコをめぐる偶時的要因によって加盟候補国という決定がもたらされたことを明らかにする。しばしば指摘される EU のトルコ政策のあいまいさは、加盟候補国という重大な決定においても変わらず、その後の加盟交渉の困難さをすでに予測できるものであったと言えるだろう。

第 2 章は、トルコの EU 加盟における主要なアクターの影響力を、EU の制度的制約に照らしながら論じる。トルコ加盟問題においては、既存の加盟国間の相克が問題ではなく、強力な反対国の存在と、最大の支持国が場外プレイヤーであるアメリカであることが阻害要因であり、これは、トルコに特徴的な点だといえる。

第3章と第4章は、ヨーロッパのなかで最大のトルコ人口を抱えるドイツからの視点である。第3章では、ドイツにおける外国人の法的ステータスの展開が、最大の移住者であるトルコ人を通して検証される。ドイツにおける外国籍住民の社会的、経済的存在の重要性に鑑みて、最大数をほこるトルコ系住民の社会的統合と彼らのアイデンティティ形成の変遷をたどることは、ドイツの外国人問題をたどることになる。そのことは、トルコのEU加盟とは、外国人であるトルコ系住民が対等のEU市民として受け入れられることができるかという問題を、ドイツ国民のみならず、全てのEU市民に問いかけることになる。

第4章では、議論のレベルを第3章の市民から、政府間関係へと移して、ドイツ政府におけるトルコの加盟問題を、そのほかの諸国に関わる拡大と比べた類似点と相違点を検証する。主には民主制の不十分さゆえに、トルコ加盟に対する反対論は強いが、トルコは明らかに国内の改革を進めており、また、ドイツ政府の一貫したEUへの積極的な政策とともに、トルコのEU加盟は長期的視点にたった冷静な議論が重要であると、筆者は指摘する。

第5章と第6章は、トルコを対象に論じる。第5章は、EU加盟へ向けた一連の過程が、トルコ国内の政治体制や政策をどのように変えているかについて、民主化の観点から明らかにする。筆者が、「外圧による民主化」と呼ぶEUの改革要求は、確かにトルコの制度と政治のあり方に大きなインパクトを及ぼしており、EU加盟へ向けた一連の過程が開始される前と後では、トルコ国内の改革の展開がはっきりと異なっており、ウーウルの言う「アンカー力」が働いていると言えそうである。

第6章では、EU加盟に対するトルコ国内の世論を規定する要因を分析する。当初は経済効果への期待一辺倒であったものが、やがて民主化という国内改革への期待が高まり、国内の多様な勢力間における EU 加盟支持の違いがほとんど見られなくなるという指摘は興味深い。ただし、キプロス問題にみられるように、EU 側の透明性に欠ける態度はトルコ世論に幻滅をもたらして、自国の EU 加盟への支持を下げる結果をもたらすのである。しかしながら、トルコ国民が EU 加盟への期待のみに染められているのではなく、自国の加盟が EU に対してもたらす利益、不利益を十分に認識した冷静な判断をしていることを世論調査の一部は示している。

本書は、EU、ドイツ、トルコの政治をそれぞれに専門とする 3 名によって執筆された。日本においても、トルコの EU 加盟が研究者のみならず一般の人々の関心も集めるようになってきているが、問題の所在を精確に理解する作業は、わが国においては未だ十分には深められるには至っていない状況にある。EU 拡大研究が必然的に要請する多角的、多面的な研究の枠組みのもとで、トルコはヨーロッパ文化の継承国ではないという印象論的な議論を乗り越えて、はたして何が本質的に問題であり、現状はどこに位置しているのかを、EU、加盟国、トルコの各視点から総合的に論じることこそが重要であると考える。その作業は、ひいては、地域統合体の「拡大」の意義と限界を明らかにしていくことになるであろう。

第1章
加盟候補国への決定過程
──1997年ルクセンブルグ～1999年ヘルシンキ

八谷まち子

はじめに

1987年に一応受理されていたトルコのEU加盟申請は、1995年末日にかろうじて関税同盟の成立にこぎつけたに留まっていた。一方、冷戦体制の崩壊を受けて1990年から96年にかけて、旧東欧諸国10カ国とキプロスの11カ国(1)からの加盟申請を受理していたEUは、1997年12月のルクセンブルグ欧州理事会において新規加盟国についての結論を表明した。その結論では、トルコについては後発の11カ国とは異なり、EU加盟の可能性をほとんど否定するものと理解された。すなわち、「トルコはEU加盟の資格があると確認する（The Council confirms Turkey's eligibility for accession to the European Union.)」が、他の申請国と同様の基準で判断されるものの、政治、経済状況はいまだ加盟交渉を開始するには不十分であるとした。この結論は、一般的には、トルコのEU加盟の可能性をほとんど否定するものと理解された。

(1)　1997年12月の時点では、マルタは1990年の申請を凍結しており加盟申請国に含まれていない。その後、1998年9月に第2回目のEU加盟申請を行っている。

トルコでは同結論は極めて不公平なものと受け止められたが(2)、さらには、同結論が加盟交渉を開始するとした申請国の第一次グループに長年の敵対関係にあるキプロスが含まれていたこともあって、強い反発を呼び、トルコは対EUの政府レベルの会談の凍結を一方的に宣言して、二者間関係は急速に冷え込んだものとなった。

しかし、それから2年後の1999年12月、ヘルシンキ欧州理事会において、トルコは正式に「EU加盟候補国」と位置づけられたのである。

本章では、ルクセンブルグ欧州理事会からヘルシンキ欧州理事会までの2年間におけるEUとトルコのやりとりを時系列的に検証して、トルコ加盟に関する政策変更へといたった要因を明らかにしようとする。さらに、決定過程における制度の役割にも注目する。

1997年から99年までの2年間のEUでは、内政面でも外政面でも緊急の課題が山積していた。外政的には、近隣の国際情勢がコソヴォ紛争に揺れていた時期であり、そうした状況はEUの安全保障政策とその執行能力の確保を緊急の課題へと押し上げていった。EUの内政においては、近い将来の大幅な拡大が明らかになったことで、それに対処できる制度改革、財政改革の実現が緊急課題となっていた。

制度的には、このようなEUの課題を議論し加盟国間の意見を調整してEUの政策を打ち出すのは、半年ごとの輪番制による議長国（Presidency）の役割である。トルコのEU加盟をめぐる決定過程においても議長国の役割には一定の注意を払うべきであろう。同時に、議長国のリーダーシップが最も発揮されるのはEUの政府間組織である理事会においてであるから、そこでは加盟国政府が行使する影響力も同様に重要である。特に、拡大に関する決定は全会一致が規則であるために、ここでは加盟国政府の動向こそが鍵となる。1999年当時のEU加盟国15カ国のなかには、トルコの加

(2) EUを差別的や二重基準とするコメントの紹介は多く見られる。たとえば、Zeki Kütük, "Turkey and the European Union: The Simple Complexity," in *Turkish Studies,* Vol. 7, No. 2, June 2006, p. 276.

盟に厳しい態度をくずさない政府も存在していたし、今日でも存在する。そのような構成のなかでいかにしてトルコを加盟候補国とする決定が可能となったのだろうか。

I　1998 年――停滞と抵抗

1　EU の停滞

ルクセンブルグ理事会の結論がトルコに与えるネガティヴなインパクトは、EU 加盟国においても十分に予測されていたであろう。それは、当該結論が、EU 加盟を目指す申請国と既存の EU 加盟国とが一同に会して統合ヨーロッパのあり方を討議する「ヨーロッパ会議」を設定したこと、および、トルコは加盟交渉を開始できる状況には至っていないが「EU 加盟の資格がある」という立場を表明したことの 2 点で推し測ることができよう。前者は、トルコを排除していないというメッセージであり、後者は、トルコの EU 加盟に含みをもたせておく言い回しとなっている(3)。しかし

(3)　ルクセンブルグ理事会結論のトルコに関する記述は、「トルコのためのヨーロッパ戦略」として 6 項にわたって EU の対応を明らかにしている。まず、トルコが加盟資格を有していることの確認とトルコを EU に近づけるための戦略を提供することが重要であるとの認識に立って（31 項）、具体的な戦略として、1964 年アンカラ協定に記された（加盟）可能性の開拓、関税同盟の緊密化、財政協力、EU 法への接近とトルコ国内での法採択、EU が提供するプログラムへの選択的参加の 5 点を挙げている（32 項)。こうした融和的な提案の一方で、提案された戦略の内容は「コペンハーゲン基準」に基づいて毎年見直されることを確認する（33 項)。さらに、ヨーロッパ会議への参加は EU 加盟国とトルコとの対話を促進するという会議の意義を確認するが（34 項)、EU とトルコとの結びつきの強化は、EU が求める課題を列挙しながら、トルコの国内改革の進展の度合いによると釘をさすことも忘れていない（35 項)。そして、EU 委員会が提出した原案に沿った形で、トルコとは加盟交渉を開始するには至っていないと結論付けている。

European Strategy for Turkey in *Presidency Conclusions* (31, 32, 33, 34, 35, 36), Luxembourg European Council, 12 and 13 December 1997.

ながら、実際には、ヨーロッパ会議開催の一年前には、関税同盟の実施をめぐってEUとトルコの関係は既に悪化しており、ドイツをはじめとする6カ国が、加盟申請国の行列のなかで、トルコのEU加盟は認められないことを確認し合っていた(4)。さらに、ギリシアはEUの対トルコへの財政支援に一貫して拒否権を行使し続けていた。

ルクセンブルグ欧州理事会結論は、EU—トルコ関係におけるひとつの節目となったが、その後を受けて1998年上半期の議長国になったのは、イギリスであった。イギリスはトルコの加盟を積極的に支持している数少ないEU加盟国である。議長国開始にあたってのインタヴューで、首相のブレア（T. Blair）は、自国の議長国のもとでの理事会結論がトルコに対していかなる態度を表明するかによって、トルコをEUプロセスから完全にはじき出すことになりかねないリスクを十分に認識しており、「トルコが（3月12日にロンドンで開催される）ヨーロッパ会議に参加してくれることを望んでいる」と述べている(5)。

しかしながら、結局はトルコは会議をボイコットして、トルコを疎外しないという会議の目的は果たされなかった。会議終了後の議長声明には「本会議への参加はすべての招待国に開かれている」という一文が盛り込まれているが、後述するように、この時期のトルコの態度はあくまでもEUへの不信感に満ちた敵対的ともいえるようなかたくななものであり、新たな展開の兆しは皆無であった。こうした硬直状態に、フィナンシァルタイムズ紙は、1998年3月5日付けの社説ですでに真剣な憂慮を表明しており、議長国として会議を成功に導くイギリスの責任を問うて、首相はトルコを訪問すべきであるとさえ主張している。しかし、こうしたトルコ

---

(4)　1997年3月のブリュッセル理事会に向けて、ドイツ、ベルギー、アイルランド、イタリア、ルクセンブルグ、スペインの6ヵ国はトルコとは関税同盟を軸にした特別な関係を目指すことを確認しあった。当時のこれらの加盟国の政府は、全て保守系中道右派に分類できる。*Financial Times,* March 5, 1997.

(5)　*Ibid.,* January 5, 1998.

への積極的なアプローチは例外的であった。既存の EU 加盟国のなかで、トルコ加盟を支持する国はあるが、積極的な展開をおこす国はない。そして、この点こそが、キプロスを含むほかの 12 の加盟候補国(6)とトルコの最大の違いであった。

スザンナ・ヴァーニー（Susannah Verney）は、EU 拡大のエトスは「包含」であり、その基盤は「価値の共同体」というヨーロッパの自己同定であると述べる(7)。ヴァーニーは、キプロス共和国の加盟申請に対する EU の決定にこのような拡大のエトスが特に顕著であるとする。すなわち、EU はキプロスの申請を受理したのみならず、分断状況のままでの加盟に踏み切るという一見非合理的な決定をしたのは、そうした事実がもたらす結果の実質的なリスクよりも、キプロスの加盟を認めないことで、「価値の共同体」としての EU の集団的自己同定を低下させるリスクの方がより重大であるとの判断に他ならないと喝破している。そして、キプロスの加盟はギリシアによって強力に後押しされていたが、ギリシアのような「小国」の意見が支持を獲得したのは、ギリシアの国益や安全保障ではなく、拡大における EU の基本的認識に訴えたからであったとする。

分断状況を理由にキプロスの加盟を保留にすることは、分断の原因をつくっている非加盟国（トルコ）によって EU が支配されることであり、EU 諸国にとっては受け入れがたいことである。同時に、そのような事態は「罪のない」キプロスが排除されることを意味しており、「包含のエトス」に基づいている拡大のモラルの低下をもたらすことでもあった。現実的観点からは、キプロスは第 5 次拡大の新規加盟国 10 カ国のなかで経済状況

---

(6) 2004 年 5 月 1 日に加盟を果たした 10 ヵ国と 2007 年 1 月 1 日に加盟したブルガリア、ルーマニアの 2 ヵ国を指す。

(7) Susannah Verney, *EU Enlargement as a moral mission: debating Cyprus' Accession in the European Parliament,* Paper prepared for presentation at the 3 rd Paneuropean Conference of the ECPR Standing Group on European Union Politics, at Bilgi University, Istanbul, 20－23 September, 2006.

が最も良好で、2001年の時点でのGDPは当時のEU15カ国平均と比べても遜色はなかった(8)。EUの政策決定者たちの大多数がこのような認識にたったときに、キプロスを加盟候補国からはずすことはきわめて困難であった(9)。

こうして、キプロス加盟申請に関するコミッション意見は、「キプロスの地理は二千年にわたってヨーロッパの文化と文明の源泉となり、(中略)キプロスはヨーロッパのアイデンティティと特質を疑いなく有しており、(後略)(10)」と述べて、分断状況の解決を加盟の条件とすることなく加盟準備交渉開始を進言した。そして、1998年3月から、加盟交渉が開始されたのである。

それに対してトルコの立場は、キプロスの陰画であったともいえる。キプロスの加盟にとっての最大の問題が、いわゆる分断国家状況にあることであったとすれば、その原因をつくっているのがトルコだとされていた(11)。継続的な国連の仲介努力をまるで受け付けようとしない北キプロスの頑強な態度は、トルコ政府および軍部の後ろ盾があってのことであった(12)。EUは、1998年のトルコに関する年次報告書において、「トルコ系キプロス社会」の保障国としてのトルコという明確な認識を示して、

---

(8)　一人当たり平均GDPは、EU15カ国平均（2000年）が22,322ユーロに対し、キプロス（2001年）は15,100ユーロであった。Statistical Data, *2002 Regular Report on Cyprus.*

(9)　Verney, *op. cit.,* pp. 11－12.

(10)　COM（93）313 final Brussels, 30 June 1993, p. 22.

(11)　Verneyは、また鋭くも、分断に至った歴史的経緯はほとんど問われることなく分断はあくまでも現在の問題として捉えられていたと指摘する。すなわち、1964年のキプロス危機でのトルコ系住民への暴力的迫害、1974年の分断状況をもたらしたトルコ軍によるキプロス島北部の「占領」は、ギリシア系キプロスの軍事行動が発端であったことなどは問題とされず、トルコ軍が「占領」しているという事態のみが問題とされているのである。Verney, *op.cit.,* p. 13－15.

(12)　北部は1983年に「北キプロストルコ共和国」として独立宣言を出したが、現在にいたるまで国家承認を与えているのはトルコのみである。

国連決議に沿った解決をはかるべく影響力を発揮することを要請している(13)。そこには国連決議へのEUの支持を記述するに留まり、問題の解決へ向けたトルコの責務を求めるのみで、EUの関与を表明する記述はなされていない。

年度末に提出される総括的な上記の報告書に先立って、ヨーロッパ会議の直前に、トルコに関する二つの報告書が相次いで出されている。ひとつは、トルコをEU加盟へ近づけるための提案(14)であり、あとのひとつは関税同盟発足以降のEU―トルコ関係の進捗報告(15)である。これらの報告書には共に、トルコの国内制度を整備するためにはEUによる一定程度の財政援助の必要を認めており、そのための予算額も明らかにされている。しかしながら、両予算ともに理事会の全会一致が成立要件であり、不成立が繰り返されていた。拒否権行使国はギリシアである。1998年上半期にも、同様に、ギリシアはトルコへの財政援助に対して拒否権を行使したため、コミッションの勧告にもかかわらず相変わらずEUによる財政支援は実現されないままであった。さらには、欧州議会が1996年に出した決議が、人権侵害を非難してトルコに対する地中海沿岸地域開発支援（MEDA）の一部を即座に凍結することを求めたことによる援助の部分停止も継続していた(16)。

トルコをEUに近づけるためにとして制度上の接近を要請し、多様なレベルでの対話の制度化が提案され、そして小額ながらも財政的援助も組み込まれるが実現へと至らないという関税同盟以来の対トルコ関係が継続していた。コミッションの報告書を読む限りでは、人権や言論の自由、少数

---

(13) Regular Report 1998 on Turkey's Progress Towards Accession, *Bulletin of the European Union Supplement 16/98,* p. 18.

(14) *European Strategy for Turkey: The Commission's initial operational proposals,* COM (1998) 124 final, Brussels, 04. 03. 1998.

(15) *Report on Developments in Relations with Turkey since the Entry into Force of the Customs Union,* COM (1998) 147 final, Brussels, 03. 04. 1998.

民族の権利などトルコの国内体制への問題指摘は明確であるものの、かならずしも強い非難とはなっておらず、むしろ協力的関与が対トルコ政策の基本である印象を受ける。実際に、1998年6月と12月のそれぞれの理事会議長総括の拡大のセクションには、トルコに関する一項が含まれている。6月のカーディフでは「トルコのEU加盟の準備のためのコミッションによるヨーロッパ戦略を歓迎する(17)」と述べられており、12月のウィーンでは、「ルクセンブルグとカーディフでの結論に沿ったヨーロッパ戦略のさらなる実施の重要性を認める(18)」とある。しかしながら、その政策を実施するためにはコミッションの提案だけでは不十分であり、EU諸機関に要請されている手続きを満たすことが必要である。しかし、前述のごとく、理事会においては加盟国の拒否権行使が可能であり、欧州議会においては、人権の抑圧が「ヨーロッパ」の価値や規範を共有していないとみなされて制裁的な動議が成立した。どちらも非加盟国にとっては、自国を代弁してくれる加盟国が存在しなければなす術はない。同時に、その議論は現実的利益以上に、「ヨーロッパ」(19)という未確定の自己同定を共有でき

---

(16)　1996年1月に、エーゲ海の小島の領有権を巡ってトルコとギリシアは極度の緊張関係に陥った。そのことがいかほど〔財政支援のあり方に〕影響しているかを断定することは困難である。しかし、同年7月の一般理事会で合意されたMEDA予算案に対して、同年9月の欧州議会の決議は、人権等の分野以外の予算の即時凍結を求めた。この決議は、トルコ国内のクルド人に対する人権侵害、キプロスで起こったギリシア系キプロス人2名がトルコ兵により殺害されたことなどの事実を指摘して、MEDA プログラムの財政措置の精神に反すると非難している。これを受けて、同年11月に理事会と議会の議長により、総額3億7千5百万ECUのうちの1億3百万ECUのみの部分的な支援の執行が合意された。*Op. cit.,* Regular Report 1998, p. 6. *Official Journal of the European Commission,* No C 320/ 187, 6. Turkey, 26. 10. 96.

(17)　Cardiff European Council Presidency Conclusion, 15 and 16 June, 1998, No. 68.

(18)　Vienna European Council Presidency Conclusion, 11 and 12 December, 1998, No. 63.

るものでなければならない。

トルコにとって、具体的な手続きの側面と理念の側面の両方を乗り越えるためには、まずギリシアとの二国間関係の改善がない限りは、加盟に関するいかなるコミッションの提案も、所詮は絵に描いた餅に等しかったといえる。そこに対外関係における EU 権限の限界もある。その結果、加盟国間の相違が厳然と存在していた状況において、「EU 加盟の資格がある」トルコの扱いについては、EU 委員会の高官のあいだでもコンセンサスは出来ていなかった[20]。そのことが、EU 内におけるトルコ政策をあいまいでわかりにくいものにすることにさらに加担したであろう。

1997 年ルクセンブルグ理事会結論によって、過去 4 回の拡大とは異なる世界史的意義を持つ拡大が、EU の包括的な行程計画のもとで本格的に始動した。しかし、公式の加盟候補国の地位が得られなかったトルコにとっては、関税同盟協定の下でも未解決であった問題がそのまま積み残されたそれまでの政策の継続であるにすぎなかった。そもそも 1998 年下半期のウィーン欧州理事会は、拡大に関する制度改革や今後の進展の方針は、一年後のフィンランドによる欧州理事会まで待つとした。対トルコ関係に限って言えば、1998 年から EU の最優先課題となった拡大の陰で、停滞

(19) EU 設立条約 49 条は、EU 構成国は、「ヨーロッパの国家（a European state）」であることと定めている。ただし、その定義は述べていない。

(20) 1998 年 6 月に駐アンカラ EU 大使に任命された Karen Fogg による証言（2006 年 9 月 15 日、ブリュッセルでのインタビュー）および私信による確認（e-mail, 2006 年 11 月 9 日）。彼女によれば、当時の外交総局（DG Relex）副総局長であった F. ラムルー（F. Lamoureux）がトルコの加盟資格について確固たる信念を有していた唯一の高官であったという。彼の指揮のもとに、トルコについても他の候補国と同様の年次報告書が提出されることになった。この事実に基づいて、「加盟候補国は 12 ヶ国である」という彼女のコメントになったと思われる。(*Financial Times,* November 6, 1998）一方、拡大担当委員であったファン・デン・ブルック（van den Broek）は、トルコの位置づけに関する欧州議会での質問を「理事会の意志を遵守している」と答えるに留まり、年次報告書の提出に際しては、トルコに関する質疑を回避したと Fogg は指摘する。

の時期が始まったのである[21]。

2　トルコの抵抗

ルクセンブルグ欧州理事会結論に対して、トルコは機会をとらえては不快の念を顕わにすることを躊躇しなかった。トルコは、理事会結論が発表されると即座にEUとの政治対話を凍結することを決定し、関税同盟の見直しも辞さないという首相発言もなされた。5月には、EU議長国外相のR.クック（R.Cook）がトルコを訪問して説得にあたったが、態度を変えることはなかった[22]。また、ルクセンブルグ結論から間をおかずロシアとの天然ガスパイプライン協定に署名をして、トルコにとっての選択肢はEUのみではないというコメントが出された。さらに、アメリカとは、アゼルバイジャンのバクーとトルコのジェイハンを結ぶカスピ海パイプライン建設に合意した[23]。中央アジア、バルカンへのユルマズ（M. Yılmaz）首相の積極的な訪問外交が矢継ぎ早に展開され、7月にはジェム（Cem）外相がイスラエルを訪問して、軍事的協力の強化を確認しあった。さらに、前述したヨーロッパ会議への参加を拒否したのみならず、首相は、EUの拡大を「トルコ外しを狙い、中央ヨーロッパを取り込もうとするドイツによる《生存圏 Lebensraum》の追求である」と八つ当たり的発言をしてドイツの強い反発をよんだり[24]、ヨーロッパ会議の当日は、グルジア共和国へ飛び、当時のシュワルナゼ大統領と会談をしてみせたりした[25]。

---

(21) ただし、この年の9月に実施されたドイツの総選挙において、保守のキリスト教民主党に代わって左派の社会民主党が勝利して、政権交代が起こった。このことが翌年に重要な意味をもつことになる。

(22) 政治対話凍結はほぼ一年継続され、11月に他の候補国と同じ形式の年次報告書がトルコについても提出されたことを受けて、トルコの態度は軟化した。*Financial Times,* November 6, 1998.

(23) *Ibid.* December 15, 16, 17, 21, 1997.

(24) *Ibid.,* March 7 /8, 1998.

(25) *Ibid.,* March 13, 1998.

キプロスのEU加盟交渉が3月31日に開始されることをうけて、それは東地中海地域の緊張を高めることになるであろうと、脅しともとれる警告も発せられた。これら一連の言動は、トルコの地政学上の重要性を誇示する目的であることは明らかであろう。アタチュルクによる共和国建国以来、「西洋に並ぶ文明国」たることを国是ととらえているトルコの指導者たち(26)にとって、ルクセンブルグ欧州理事会の結論は「国民的プライドを傷つけられる(27)」不当な扱いと受け取められた。それは、トルコ国家の地政学的意義を無視したのみならず、EUとの関税同盟をはじめ多くの地域組織にヨーロッパ諸国と共に加盟している(28)という事実をも評価されなかったということであった。

その一方で、1998年のトルコ国内の政治状況は決してよくなかった。第一に、民主主義や人権の抑圧という批判をよぶ状況が明らかにあった。まず、トルコ憲法が規定する世俗主義にもとづいて、軍による政治介入が継続していた。前年97年2月に軍を中心とするトルコ国家の最高意志決定機関である国家安全保障会議（MGK）の介入を受けて、イスラーム政党である福祉党を首班とする連立内閣が6月に崩壊していた。その福祉党は、98年1月に憲法裁判所により憲法違反とされて党の解散が言い渡され、党首エルバカン（N. Erbakan）ほか幹部党員にも5年間の政治活動の禁止が言い渡された。さらに、同年4月には、現在の首相であり、当時のイスタンブール市長であったR.T.エルドーアン（R. T. Erdoğan）に対して国民の分離を謀る演説をしたとして、懲役10ヶ月の刑が言い渡されていた

(26) 1998年時点では、アタチュルク主義の前衛を自任する軍とEU加盟推進の中心的存在であるビジネス界の発言力が最も大きかった。国民の政治家に対する信頼は決して高くなかった。

(27) 永田雄三編『世界各国史9　西アジア史II』（山川出版社、2002年）409頁。

(28) トルコは、欧州審議会（CE、1949年加盟）、北大西洋条約機構（NATO、1952年）、経済協力開発機構（OECD、1960年）、欧州安全保障協力機構（OSCE、1973年）の加盟国である。

が、9月には上訴審が刑を確定した。世俗主義の旗印のもとでのイスラーム団体への抑圧は財界にも及んでいた。5月にはイスラーム系の自営業者の集まりである自主独立産業家・企業家協会（MÜSİAD）[29]および会長のヤシャール（E. Yaşar）に対して軍および裁判所から告発がなされた。

第2の点として、国内政治の不安定があげられる。上記のような一連のイスラーム系組織の活動を阻害する圧力の背後には常に軍の存在があるが、それは不安定な国内政治と表裏一体であった。汚職とスキャンダルで国民の信頼が極度に低下していた世俗政党に代わって、イスラームの価値に基づく救済的活動でイスラーム系政党への支持は着実にひろがっていき、こうした状況に、世俗主義の前衛を自任する軍は危機感を強めていたのであろう。福祉党解散による連立政権崩壊の後を受けたユルマズ内閣は、イスラーム対抗策が不十分だとする軍による強い批判を受けて、軍の意向を受け入れることを表明した[30]。ところが、不安定な連立内閣を率いていたユルマズ首相自身が汚職疑惑で辞職を余儀なくされ[31]、イスラーム復興を最大の脅威と捉える軍の意向もあり、多党制のなかで次期内閣の首班指名に手間取り、トルコの政局は不安定なまま1998年を終えることになる[32]。

軍の政治への介入に対して、EUは批判声明を出してはいるが[33]、ルクセンブルグ結論がもたらしたトルコ国内のナショナリズムの高まりと指導者たちのEUへの不信感の前では、果たしてどれほどの効力を持ちえたか

---

(29) MÜSİADの活動と発展およびイスラーム復興における役割については、澤江史子『現代トルコの民主政治とイスラーム』（ナカニシヤ出版、2005年）130頁。

(30) *Financial Times,* July 8, 1998.

(31) *Ibid.,* November 12, 13, 18, 23, 27, 1998.

(32) *Ibid.,* December 3, 1998.

(33) トルコ国内の司法制度への一定の理解を表明しつつ、EUとして遺憾の意を表するものとなっている。福祉党閉鎖については、CFSP Statement, 16/ 01/ 1998, Press No 11, CFSP No 004/ 98. エルドアンの懲役判決については、CFSP Statement 25/ 09/ 1998, Press No 307, CFSP No 109/ 98.

は疑問である。同時に、トルコでは軍によるクーデターがほぼ10年ごとに繰り返されているが、1997年から98年にかけての政治介入が、表面的には代議制を守り、解散させられた福祉党の後継政党[34]を阻まなかったことを指して、軍はEUおよび国際社会の批判へ一定の配慮をしたとする指摘は恐らく正しいであろう[35]。さらに言えば、軍による直接の政権奪取という事態は避けられたが、イスラーム復興を抑え込み世俗主義政治を堅持する大儀については、EUの暗黙の了解も織り込み済みであったとも考えられる。

さらに、第3の点として、クルド問題に連結した外交問題があった。1998年にトルコ政府および軍は、分離独立を要求して武力闘争を行っていたクルド労働者党（PKK）への取り締まりを一段と強化したが、その結果、トルコ南東部のクルド人に対する抑圧が人権侵害であるとして、欧州議会を中心に強い批判を呼んだ。しかし、15年にわたる武力闘争で3万人におよぶ犠牲者を出しているとして、PKKをテロ集団とみなし、その壊滅を意図しているトルコ軍にとって、EUのみならず外国の批判は不当以外のなにものでもなく、全く意に介するところではない。10月には、PKKの活動を支援しているとして隣国のシリアに戦闘宣言を突きつけて、トルコ政府の態度の厳しさを国際的に知らしめた。この締め付けが効を奏して、PKK党首のオジャラン（A. Ocalan）がシリアを出国した後、11月にローマで拘留されるが、イタリア政府は死刑制度が存続するトルコへの引渡しを拒み、それに対してトルコはイタリア企業との取引契約の解消という経済的報復をとり、イタリア経済に深刻な打撃を与えた[36]。当時のイタリア首相であったA. ダレマ（A. D'Alema）は関係改善のためにトルコ訪問を打診したが、これはトルコに拒否されてしまった。こうしてEU

---

(34) 美徳党（Facilet Partisi 英語では Virtue Party）

(35) Jon C.Pevehouse, *Democracy from Above,* Cambridge U.P., 2005, pp. 145－150.

(36) *Financial Times.,* November 20, 1998. 最終的な経済的損害は1130億リラ（約6760万ドル）に及んだという。*Ibid.,* January 19, 1999.

加盟国であるイタリアとトルコの二国間関係は極度に悪化したのである。ただし、PKKに対する頑強な政策は、ましてや党首の捕縛となれば、EU加盟の可否とは無関係に実施されたであろうと考えられるが、ルクセンブルグ結論で高まっていたEU不信が輪をかけたナショナリズムの高まりにより、なお一層の強硬な態度を惹起した可能性も否定できないであろう。

こうしてトルコにとってもいらだたしい1998年が終わっていった。

II　1999年――展開と不信

1　EUの政治的変化と展開

1999年は、EUにおいてもトルコにおいても、重大な転換点となる出来事にいろどられた年である。それは、制度と意識の両方について起こった。

この年のEUの上半期の議長国がドイツとなり、6月のケルン欧州理事会でトルコの加盟へ向けての「ロードマップ」を準備する提案がなされたことは、前年のドイツ総選挙の結果と大いに関係しているであろう。3月には、サンテール委員長以下のコミッション委員全員が総辞職をし(37)、9月になってR.プロディ（R. Prodi）を委員長とする新体制のコミッションが発足したが、新体制において拡大担当委員になったのは、ドイツ社会民主党出身のG.フェアホイゲン（G. Verheugen）であったことは、トルコとの関係改善、そして正式な候補国とする決定においてきわめて重要である(38)。

同じ3月には、ヨーロッパを取り巻く国際政治にとって重大な出来事が

(37)　児玉昌己「サンテール欧州委員会の総辞職とEUの憲法政治」『同志社大学ワールドワイドビジネス・レビュー』第1巻（平成12年）第1号。

(38)　Financial　Times紙とのインタヴューにおいて、彼はEUとトルコの関係改善の重要性を強調し、トルコが西側民主主義としっかりと連携していることは、ヨーロッパとアメリカにとって最優先課題である、と述べている。*Financial Times,* September 13, 1999.

起こる。前年から悪化の一途をたどっていたコソヴォ地区の民族間紛争における暴力の停止を目的に、NATO のセルビア空爆が 24 日に開始された。EU の裏庭と称されるバルカン地域における紛争に有効に対処できなかった EU の安全保障能力が、あらためて問題として認識され、上半期のケルン欧州理事会では欧州安全保障防衛政策（ESDP）が合意され、下半期のヘルシンキ欧州理事会では、EU 緊急部隊の設立合意へとつながっていく。そのことは、NATO との協調なしには効率的な危機管理を実施できないという EU の現状のなかで、NATO 加盟国であるトルコがあらためて存在感を顕示し、9 月に共通外交・安全保障政策（CFSP）上級代表に任命された J. ソラナ（J. Solana）は、ヨーロッパの危機管理および安全保障におけるトルコの役割を強調している[39]。さらに、コソヴォ紛争は、「ヨーロッパ」として一体となった責務遂行の重要性を広く認識させることにもなった。

サンテール委員会の総辞職を受けて、9 月 15 日に、プロディ委員長のもとで新体制のコミッションが発足した。当面の優先課題は、EU 史上最大の拡大に備えることであった。既に、議長国ドイツのもと、1997 年に採択された「アジェンダ 2000」に沿って 3 月に予算改革の枠組みが決定され、5 月に「アムステルダム条約」が発効し、6 月に欧州議会の選挙が実施され、同月に開催されたケルンでの欧州理事会は、EU 拡大は各国の事情に見合ったペースで進められるべきであるとして、候補国を加盟時期によって二つのグループに分ける方針を明らかにしていた。しかし、この分離加盟案は、長くせずして、候補国間に差別意識をうむことになり、結局、12 月のヘルシンキ欧州理事会において、2002 年を目標に 10 カ国同時加盟を目指すとする方針へ変更されることになる。

ヘルシンキ欧州理事会では、トルコが正式に加盟候補国として了承されたが、それには 8 月にトルコ西部を襲った大地震によって、EU 内の市民

(39) *Financial Times,* September 15, 1999.

レベルからEU官僚まで、トルコに対する一体的な連帯意識を共有していたことがなんといっても大きい。自然災害に触発された連帯意識は一挙にトルコへの友好的態度を集約させ、「地震外交」と呼ばれた。こうした空気の変化はEUのみならず世界規模で観察されたが、特にEUにおいては、オジャラン逮捕にまつわるギリシアの対トルコ外交の失策とあいまって、それまで頑なであったギリシアの態度の軟化を促し、全会一致が可能になって制度上の障害が解決されるに至った。

以上のようなEUの展開とともに、加盟国レベルでも重要な変化があった。特にトルコにとって重大な利害関係を有するドイツとギリシアにおいてそれが起こった。

ドイツでは1998年9月の総選挙でH.コール（H. Kohl）に率いられたキリスト教民主同盟（CDU）が敗れ、G.シュレーダー（G. Schröder）党首の社会民主党（SPD）と緑の党との左派連立政権が成立していた。同政権は、ドイツ国籍法の改正を約束しており[40]、保守政権のEU拡大に対する方針の見直しが期待された。実際には、就任直後のシュレーダー首相は、前政権の路線を継続すると述べてドイツ政治の安定感を示すことに主力をおいていたが[41]、9月にSPD出身のフェアホイゲンが拡大担当委員としてコミッション入りしたことで、ドイツ国内政治とEU政策との調和が保障されたといえるだろう。

ギリシアとトルコの関係改善は、二国間にとどまらずEU全体にとっても決定的な意味を持ったが、ことの起こりは、2月にPKK党首オジャランが、ケニアのギリシア大使館に匿われているところを逮捕されたことである[42]。イタリアを出国後、行方が知れなかったオジャランが自国の大使館内で発見されたことはギリシアにとって取り返しのつかない外交上の

---

(40) *Ibid.*, January 12, 1999.

(41) 森井裕一「ドイツ連邦共和国とEU」森井編『国際関係の中の拡大EU』（信山社、2005年）特に171－3頁。

(42) *Financial Times*, February 17, 1999.

失点となり、外務大臣が更迭され、新たに任命されたのはA.パパンドレウ（A. Papandreu）であった。彼はトルコとの関係改善に積極的に乗り出し、40年ぶりという両国の外相会談が実現し、その後も定期的な会合が持たれるようになった。このような関係改善が進行しているなかで、8月17日のトルコ、イズミール沖大地震が発生したのである。ところがそのわずか3週間後の9月7日に今度はアテネが地震に襲われて、相互の被災援助活動の様子が両国のメディアで広く報道され、友好関係は確かなものとなっていった(43)。

このように、EUレヴェルと加盟国レヴェルがほとんど同時並行的にトルコへの政策を排他原則から包含原則へと転換していった。それを可能にしたのは大きく3つの要因があげられるであろう。第一は自然災害という予測されなかった出来事であり、ある意味で人知を超えた出来事である。第二は指導者である。EUにおけるソラナ、フェアホイゲン、ドイツにおけるシュレーダーと外相を務めたフィッシャー、ギリシアのパパンドレウなど、EU統合をより包括的に捉えトルコを組み込むことの戦略的意義に積極的であった指導者がそろったことは、前年と比べてEU環境の大きな変化であろう。そして第三に、ヨーロッパの国際関係としてのコソヴォ紛争である。セルビアへのNATO爆撃機がトルコのインチルリーク（Incirlik）基地から飛び立ったことは、EUにおいてはさしたるインパクトをもつ出来事とは受け止められていないが(44)、そこであらためて浮き彫りにされたバルカン地域の安定の脆弱さに対して、隣接国トルコの政治的安定を西側諸国との連携で維持することがバルカン地域の安定に間接的に寄与すること、そしてヨーロッパ域内の危機管理に対処できる安全保障能力の

---

(43) Ahmet O. Evin, “Changing Greek Perspectives on Turkey: An Assessment of the post-Earthquake Rapprochement,” in *Turkish Studies,* Vol. 5, No. 1, Spring 2004, p. 4.

(44) NATOのメンバーとして当然の役割というのが一般的な理解であるという。前駐トルコEU大使Karen Foggとのインタビュー、2006年9月13日。

構築が必要であり、それはトルコを抜きにしては困難であることが再認識されたのである。

しかしながら、これらの要因のうち第一と第二は1999年という特定の時期に付帯しているに過ぎないことに気付く。第三はより構造的ではあるが、同年に50周年を迎えたNATOの政治的判断と全く無関係であったとも言えない。したがって、この年の諸事件の影響は、条件の変化次第で環境が変化し、対トルコ政策も再度変化する可能性と背中合わせである。そのような不安定な関係を乗り越える制度的保障こそがトルコのEU加盟であり、ようやく1999年12月のヘルシンキ欧州理事会でそのスタートラインが示されたといえる。

2　トルコの軟化と不信

EU内で広がりつつあった対トルコ政策の見直しに対して、トルコの指導者の間では、歓迎と不信とが錯綜していたようである。そうした様子は、オジャラン逮捕がもたらした多面的な状況の進展と、EUの安全保障のあり方をめぐってのトルコの対応に見出すことができる。

トルコにとっての1999年はオジャラン追跡で明けた。イタリアで拘留されながらロシアやドイツなど受け入れ先を探していたオジャランは、1月17日にローマから飛び立って消息不明となった[45]。このことは、イタリア政府はオジャランをトルコに引き渡すことなく解放したことを意味し、トルコ政府の激しい怒りを買うこととなった。その一ヵ月後の2月16日に、オジャランはケニアのギリシア大使館で発見、逮捕されてギリシア政府によりトルコへ引き渡された。こうした事態を招いた責任を明らかにするために、ギリシア政府は外務大臣をふくむ3人の閣僚を更迭した[46]。

ギリシア政府の対応は、NATOの同盟国に対してテロ活動を支援しているという国際的な受け止めを恐れたものであったという[47]。副大臣か

---

(45) *Financial Times,* January 18, 1999.

ら外務大臣に昇格したパパンドレウは、トルコとの外交関係を改善することでギリシアの国際的なダメージを回復しようとした。これに答える形で、当時のトルコ外相ジェム（I. Cem）は、5 月 24 日付けで、テロリズム対策での協力を提案する親書を送り、両者の歴史的な会見が 6 月 30 日にニューヨークで実現したのである。実際の協力は、文化、教育、観光、貿易という「ソフト」分野から開始されて、エーゲ海の大陸棚領有問題やキプロス分断にかかわる長年の問題についてはリストにあげられていない。しかしながら、その後の「地震外交」もあって、定期的な対話が確立され、両国の国民の往来が盛んになることで、敵対関係へと後戻りすることはないと言われるレベルまで、関係は改善された。

オジャラン逮捕の波紋は多層的である。ギリシアとの関係改善は大いに歓迎される成果であり、トルコ政府と軍にとっては、最大の国内的課題であった「分離主義」の脅威を除去するためのこのうえない機会であった。しかし、後者の故に、EU からは公正な司法手続きの要請が表明された。特に死刑制度が存続していたトルコに対する危惧は、先のイタリアの対応にも見られたごとく、明らかであった。オジャランの裁判は 5 月 31 日に開始され、早くも 6 月 29 日には死刑判決が出されていた。トルコ政府は裁判の公正さをアピールするために裁判の様子をテレビで放映するなどの方法をとったが、死刑そのものの廃止は問題とはしなかった。

ヨーロッパの批判に対してトルコはにべもない。「PKK に譲歩して、自国の司法を停止させた諸国にわが国に対してレクチャーをする権利などない」と一蹴している[48]。死刑制度の存続と人権侵害は、トルコを加盟候

---

(46) オジャランの徹底した追跡は、アメリカ政府の同意と協力があったと思われる。それは単に、PKK とトルコのみの問題ではなく、フセイン大統領統治下におけるイラク北部のクルド人自治区の安全の確保とそれを支援するアメリカ政府の役割も関係していた。「敵の敵は友」として、イラクのクルド人は、トルコ政府に協力的であった。*Ibid.*, January 17, 1999.

(47) Evin, *op. cit.*, p.8.

(48) *Financial Times*, February 22, 1999.

補国とするのに、最後まで障害となった点であり、トルコ国内でくすぶり続ける「EU陰謀論(49)」の一因でもある。同胞に対する暴力も厭わないPKKに対する恐怖はトルコ国民の間でも大きく、そうしたPKKの暴力への対策とクルドの権利の保障とは、明らかに分けて考えられるべき問題である。トルコ政府および軍は、長らくクルド人を一体的に取り扱ってその民族性を主張することを抑圧してきたが、少数者集団の一般的な権利の保障として徐徐に改善されていくようになるのは、正式に加盟候補国とされた後まで待たねばならない。

次に、EUの安全保障政策は、同年5月に発効したアムステルダム条約によって共通外交・安全保障政策（CFSP）が強化されたが、トルコは、まさしくその進展があらたなトルコ排除につながりかねない危険を感じ取っていた。前述したごとく、コソヴォ紛争により緊急性が認識されたEU独自の危機管理能力を確保するために、6月のケルン欧州理事会においてESDPが合意されたが、その実施には軍事的同盟である西欧同盟（West European Union, WEU）を用いることになった(50)。その前提は、NATOとWEUの協力枠組みであったが、EUとWEUの加盟国が異なっていたために、あらたにNATOとEUの協力枠組みを構築する必要が生じたのである(51)。トルコはNATO加盟国でありWEUの準加盟国で

---

(49)　EUは（少数民族の権利の保証を求めて）トルコ国家の分断をはかり、国力を弱めてトルコを支配下に置こうと画策しているという、セーブル条約のトラウマを反映していると思われる説。2002年には、加盟交渉の開始時期をあきらかにしないEUにいらだった当時の国家安全保障局事務局長が、同様の趣旨が読み取られる発言をしている。

(50)　西欧同盟（WEU）は、1948年のブリュッセル条約に端を発し、1954年に設立された。設立規定によるとEU加盟国のみがWEUの正式構成国であったが、冷戦体制の崩壊後に、非EU諸国を組み込む目的で、「準加盟国Associate Membership status」が置かれた。トルコは、ノルウェー、アイスランドと共に、1992年に準加盟国となった。WEUは、2000年11月にEUに統合されたが、準加盟国の取扱いはあいまいなまま残され、2003年にようやく決着した。

(51)　柏倉、植田、小川編、前出、第13章「EUの安全保障」特に、186－190頁。

あったが、後者のステイタスとEUの関係はこの時点では明確ではなく、EUの政策に対して非EU加盟国が関与する状態をEUが望んでいなかったことは明白だったのである(52)。歴史的にも地理的にもつながりが深いバルカン地域、およびキプロスが位置する東地中海地域をめぐる安全保障は、トルコとEUとでは微妙に食い違っていたといえる。トルコにとっては、NATOがEU域外にも活動を広げていたこともあり、EUを含むヨーロッパの安全保障はNATOが担うべきという理解であり、また、多国間の集団安全保障であるNATOは、トルコの国益が錯綜するこれらの地域において二国間の問題となることを回避する安全弁としても重要であったといえる(53)。したがって、トルコはEUの安全保障政策に手をこまねいているわけにはいかなかったのである。最終的に、この問題は2000年から2003年にかけて、トルコが譲歩する形で調整されることになる。

1999年の国内政治は、1月にエジェヴィットが首相指名を受けて管理内閣を組織、その後4月の総選挙で、あらためてエジェヴィット内閣が成立したことで、ようやく安定をみた。ただし、対EU関係においては、1974年のキプロス進攻を決断した首相でもあった左派ナショナリストであるエジェヴィットは、トルコを加盟候補国と承認するためにEUが要求した条件にも、容易には同意しなかった。

III ヘルシンキ欧州理事会

1 障 害

これまでみてきたように、1999年になってトルコを「ヨーロッパの拡

(52) Şebnem Udum, "Turkey and the Emerging European Security Framework," in *Turkish Studies,* Vol. 3, No. 2, Autumn 2002, pp. 69 - 103.

(53) NATOの専門家が特定した16の危険地域のうち、13がトルコと境界を接している地域であった。*Op. cit.,* p. 73,

大プロセス(54)」に参加させておく重要性がEUにおいてより強く認識される出来事が相次いだことに後押しされる形で、12月のヘルシンキ欧州理事会において、トルコは正式に加盟候補国とされるに至った。しかし、EU内での異論もトルコ側の不信も消滅したわけでは当然なく、直前まで合意形成のための方策と話し合いは続けられていた。

EUにおけるトルコの問題点として常に挙げられるのは、人権に関することがらである。ヘルシンキ結論へ向けての議論においても、同様であった。ギリシアの拒否権不行使が明らかにされたことで手続き上の障害はクリアされたが、9月の段階でスウェーデンがトルコの人権状況に対する危惧を表明している。当時のスウェーデン外相であったA．リント（A. Lindh）は、EUがトルコを候補国とするためには一定の国内改革が必要であると強く主張している(55)。また、デンマークとルクセンブルグも同意見であった。ここで具体的な問題として意識されていたのは死刑制度である。

トルコでは死刑制度が存続してはいたが、1984年以来執行されたことはなかった(56)。ところがこの時期には、PKK党首オジャランへ死刑の判決が下されており、トルコ政府のPKKへの対策を考慮すればオジャランの死刑執行はほぼ確実であると考えられた。死刑制度の存続は最後までEUにとって妥協が極めて困難な点として残り、いよいよ理事会が目前にせまった時点で、議長国であったフィンランドからもトルコに対して強い

---

(54) ルクセンブルグ欧州理事会結論を受けて準備された「トルコのためのヨーロッパ戦略」において、「トルコはEUの拡大プロセス（the EU enlargement process）に既に含まれている」と記されている。*European Strategy for Turkey The Commission's initial operational proposals,* COM（1998）124 final, Brussels, 04. 03. 1998, p. 1.

(55) *Financial Times,* September 7, 1999. *Turkish Daily News,* September 12, 1999.

(56) ただし、暗殺や拷問など法の外での処刑が横行していたとされる。Hasan Basri Elmas, *Turquie-Europe: Une relation ambiguë,* Édition Syllepse, 1998, p. 222.

警告が発せられている[57]。EU は、オジャランに対する死刑の撤回ではなく、ヨーロッパの一般的理解として死刑制度は廃止されるべきであるという観点から、オジャラン判決の凍結、さらに撤回を求めているが、トルコ国内においては、オジャランであるが故に死刑を求める声は強かったといえる[58]。

死刑判決を言い渡されたのがクルドの分離独立を主張する闘争グループのリーダーであったことは、人権に関するもうひとつの争点とつながっている。すなわち、クルド人の権利に象徴される少数者の権利の尊重である。公式の構成国民である「トルコ人」以外の民族性を主張することはトルコ共和国の分離を謀るとして刑罰の規定があるトルコでは、1500 万人といわれるクルド人でさえその文化的権利は大きく制約を受けていて、例えば、クルド語による放送は認められていなかった[59]。トルコにおける人権問題は、表現の自由、宗教の自由、さらには虐待の横行や警察の拘留者の扱いなど多くの問題が指摘されていたが、EU 加盟と 11 月にイスタンブールで開催された欧州安全保障協力機構（OSCE）総会をきっかけに、法改正による人権の状況は徐徐に改善がすすんでいた。しかし、クルドという特定の属性に関わる人権問題は、加盟候補国という位置づけが確定した後に、EU の強い圧力のもとにようやく少しずつ進展していく。

一方、トルコの対 EU 政策も、トルコへの EU 補助金に対するギリシアの拒否権不行使で関係改善が大きく前進する前提はできたが、その直後に出された当時の外相ジェムの談話は、トルコの指導者たちの間にヨーロッパへの不信が根深いことを想起させるものであった。彼は、「EU 加盟の

---

(57) *Financial Times,* November 29, 1999. また、EU 加盟各国の外交団やアムネスティインターナショナルなども同様に死刑反対の強い意見を表明している。*Turkish Daily News,* November 26, 1999.

(58) 最終的には 2001 年の憲法改正で死刑は廃止された。

(59) クルド語の出版は、1991 年に法的に認められたが、クルド語による放送と学校でのクルド語教育は禁止されていた。

ためのこれまでの一連の手続きは全く疲弊させられるものであり、わが国のイメージを傷つけ辱めるものであった。もし、次回のヘルシンキで修復されないならば、これ以上EU加盟を求めることはなくなるかもしれない」と述べてEUを牽制している[(60)]。

こうしたトルコのEU不信の根源は、明らかにこれまでのEUの対トルコ政策のあいまいさにあるが、そのひとつにキプロス問題があった。キプロス進攻は、トルコの視点にたてば同胞の保護であり救助の行為であったし、イギリスに拒絶された結果、単独の進攻を決行したエジェヴィットがこの時期も首相に返り咲いていたことが、トルコの容易には説得されない態度になんらかの影響があったかも知れない[(61)]。EUは、キプロス島の分断状況の政治的解決を求めてはいたものの、解決そのものをキプロスのEU加盟の前提とはしないことを繰り返し明らかにしていたし、ヘルシンキ欧州理事会の結論原案にもそれは明記されていた。ところが、同原案にはトルコが他の加盟候補国と同等であるという記述がなかったことから、トルコにはとうてい承認できる内容ではなく、あらためてトルコと他の候補国との平等な立場が原案に盛り込まれた後も、これまでのEUのトルコの扱いに照らしてのことだと考えられるが、トルコの不信は払拭されなかったという[(62)]。

キプロスの加盟を強力に推していたのはギリシアであり、ギリシアは旧東欧諸国の候補国承認に対する拒否権の行使をちらつかせながら、仮に分断状況が未解決であってもキプロス加盟の阻害要因とはならないことの確約を迫ったのであった[(63)]。そのような状況を承知していたトルコは、キ

---

(60) *Financial Times,* September 2, 1999.

(61) James Ker-Lindsay, *EU Accession and UN Peacemaking in Cyprus,* Palgrave, 2006, p. 121.

(62) *Financial Times,* December 13, 1999.

(63) Nathalie Tocci, “Cyprus and the European Union Accession Process: Inspiration for Peace or Incentive for Crisis?” in *Turkish Studies,* Vol. 3, No. 2 (Autumn 2002), pp. 104－138, specially p. 109.

プロスのEU加盟を阻止することはもはや困難であり、そうであれば、いずれはギリシア系のキプロス共和国の国家承認を余儀なくされる事態に陥ることを警戒したのである。つまり、北キプロスからトルコ軍を撤退させる意思はなく、他の候補国と同等の扱いが明記されることによって、キプロス島の分断状況の責任を一方的に問われることは避けることができて、現状維持を可能にするとの判断が働いたのではないだろうか。

トルコが要求した平等な扱いの記述は、「トルコはほかの諸候補国に適用されると同一の基準（下線は筆者）に基づいてユニオンに参加することを目的とする候補国である(64)」というさりげない表現をとっており、この表現で合意することに最後まで慎重であったアンカラ政府の説得のために、急遽、ブリュッセルからソラナ CSFP 代表とフェアホイゲン拡大担当委員とがアンカラへ飛ぶという破格の EU の対応がなされることになるのである。

2 合 意

12 月のヘルシンキ欧州理事会で、トルコを正式に加盟候補国と確認するためには、理事会の全会一致が必要である。99 年の後半には EU の大まかなコンセンサスは成立していたといえるが、最終的な決定をする外相の集まりである総務理事会では、9 月の時点で人権問題をとりあげて各論的な異論が出たことは確認した。

それに対してトルコは、11 月に開催される OSCE 総会にアメリカ大統領をはじめとする欧米主要国の首脳を迎える機会をとらえて、人権保護に対する取組みを示した。4 月の総選挙を経ることで正統性を獲得したエジェヴィット内閣は、人権に関するトルコへの国際的な批判を改善するこ

---

(64) *Presidency Conclusions*, 12., Helsinki European Council, 10 and 11 December 1999. 第 12 項はトルコに関する記述であり、本文引用部分は以下の文章である。"Turkey is a candidate State destined to join the Union *on the basis of the same criteria as applied to the other candidate States.*"（強調は筆者による）

とがトルコのEU加盟への道をより広げることは十分に承知していたであろう。OSCE総会終了後には、それまで無条件であった公務員の訴追免除の特権行使を、法的手続きに従ったものとする立法措置にとりかかった。これは、任意的として悪評の高かった警察の取調べに法の支配を導入するものといえる。実際、当時の司法大臣は「表現の自由と民主主義に関する分野において、わが国にヨーロッパ基準を取り入れたい」と述べている(65)。EU加盟への可能性が高まることによって、トルコの国内改革にも展開が見られるようになっていく(66)。

OSCE総会開催の機会を捉えてトルコを訪れた当時のアメリカ大統領クリントン（W. Clinton）は、「トルコとギリシアの関係改善、そしてEUへの加盟は、ベルリンの壁の崩壊に続く欧州統合の仕上げである(67)」と述べて、トルコ加盟への支援を明らかにした。

こうした政治の側面とは別に、構造的な高インフレにさいなまれていたトルコは、経済の再建も緊急の課題であった。経済再建支援のためのIMFとの交渉は大地震の以前から開始されており、OSCE総会と時を同じくして、11月末に、3年間のスタンドバイ・ローンの合意が成立したことも朗報となった。

トルコとキプロスの二国間問題については、EUはほとんどなす術を有していないのみならず、仲裁の意志もみられない。キプロス島が分断したままでキプロス共和国がEU加盟を果たすことに対して、加盟国のなかには危惧を抱く国もあったものの(68)、この島嶼国一国のために他の旧東欧

---

(65)　*Financial Times,* November 18, 1999.

(66)　ウーウルは、人権分野はトルコ市場でのEUの経済的利益と引き換えに利用された時期が長く、結果的にトルコの自主努力に任されていた側面が強く、EUのアンカー機能が失敗した分野であるとする。Mehmet Uğur, *The European Union and Turkey: An Anchor/Credibitlity Dilemma,* Ashgate, 1999. 特にChapter 7, pp. 199－238.

(67)　*Financial Times,* November 16, 1999.

諸国の加盟への展望を犠牲にすることは出来なかった。また、1998 年 3 月に開始されたキプロスとの加盟交渉は順調に進展しており、加盟の条件が満たされるのは時間の問題となってもいた。分断の解決が加盟条件ではなかったものの、EU にとっては、キプロス紛争が解決を見出すことが最も望ましいことであったことは明らかである。EU は、トルコが自国の EU への結びつきをキプロスのそれよりも、はるかに価値があり重要であるとみなしているとの見解をもっていたし、また、キプロスにおけるトルコの戦略的関心も低下しているとも見ていたという(69)。そうした状況で、トルコを加盟候補国とすることで、キプロス問題の解決へ向けたトルコのより積極的な取組みを EU 側は期待したとも考えられる。

以上のような状況のもとで、多くの問題点が認識されつつ準備された EU の文言に対して、アンカラ政府はあくまでも慎重な態度を崩すことがなく、その説得のために、欧州理事会の当日の 12 月 10 日にソラナ CSFP 代表とフェアホイゲン拡大担当委員がアンカラへ派遣されたのである(70)。

ヘルシンキ欧州理事会は、いくつかの重要な決定を明らかにしているが、そのひとつが、EU 加盟が予定された時期によって 2 つのグループに分けられていた 12 の申請国のうち、ルーマニアとブルガリアをのぞいた 10 カ国を同時加盟とする結論である。そのような EU 拡大がもたらす期待と一体感の高揚のなかで、トルコを加盟候補国とする機が熟していたともいえよう。そうであれば、EU は、トルコの EU 拒絶という最悪の事態だけはなんとしても避けたかったはずである。

---

(68) 1998 年にはイタリア、フランス、ドイツ、オランダの 4 カ国が危惧を表明した。Tocci, *op. cit.,* footnote 13. オランダはヘルシンキ理事会の席でも分断キプロスの加盟には強く反対していたが、その直前にギリシア首相がヨーロッパへコミットする同国の決意を毅然と表明したことを受けて、シラク大統領がオランダ首相を説得したと言う。*Financial Times,* December 13, 1999.

(69) Tocci, *Ibid.,* p. 107.

(70) *Financial Times,* December 13, 1999.

おわりに

トルコのヨーロッパにとっての地政学的な重要性は、多くの識者が指摘する点である。冷戦体制の時期は、西側防衛の最前線と位置づけられて、トルコを西側に組み込んでおくことの戦略的重要性が共有されていたし、冷戦体制の崩壊後は、地域紛争やグローバルなテロリズムという新しい安全保障の課題にとって、トルコの地政学が変わらず重要であることが実証されている。

しかしながら、EUがトルコを加盟候補国と位置づける過程をなぞってみると、安全保障上の理由が決定的であったか否かは定かではない。もちろん、EUが自立的な安全保障の一部としての危機管理能力を有するためには、NATOの重要な兵力提供国であり、戦闘機発着基地として活用されている基地を持つトルコを組み込むことは重要となる。ところが、トルコがそのような安全保障分野での自国の重要性をたてにEUへの譲歩を迫っても、ESDPとWEUおよびNATOの三つ巴の協力体制構築の交渉に見たように、大きな成果を獲得することはなかった。むしろ、歴史的にヨーロッパに見出されるトルコへの反発をあおる結果さえもたらしかねなかった。トルコは既にEUの安全保障に一定の役割を果たしていたのであり、そのような関係をさらに緊密にしていくことが、EUにとっては加盟国として迎えることと直結していないといえる。「特権的パートナーシップ」という提案がなされる所以でもあろう(71)。安全保障は、トルコの地政学上の重要性とそのことがEUに対して有する意義は十分に認識されていても、トルコのEU加盟を承認するイナーシァとはなり得なかったので

(71)「特権的パートナーシップ」は、ドイツの現首相メルケル（Merkel）によって提案された、EUとトルコの関係を関税同盟を中心とした経済的な関係に限定するものであった。しかしながら、特定の政策領域に限定的な協力関係を築くという意味において、汎用性を持つ概念であろう。

ある。

では、トルコを加盟候補国とする全会一致を可能にした最大の要因とは何であったか。それは、地震がもたらした膨大な被害である。自然災害という人知を超えた事件は常に、幅広い人々の連帯意識に強く訴える。もちろん、トルコが地震に見舞われたのは 1999 年 8 月が初めてではない。しかし、この地震の前後の時期は、トルコとの和解へ向けて動いていたギリシア、関係改善を模索していた EU、ヨーロッパ独自の危機管理能力への要請など、トルコを取り巻く国際情勢が新しい局面へと展開していった時期と重なっていたため、連帯意識によってそのような動きが加速されたことが新聞報道などでも読み取れる。それに対するトルコの応答は、自国の地政学的意義を誇示することではなく、他国からの批判の対象であった問題点を改善する意思を表明し、実施してみせることであった。すなわち、人権に関する諸問題の改善に取り組む姿勢を示すことで、EU 加盟のための扉をトルコも押したのである。そのことによって明らかになったのは、安全保障は EU 加盟の必要条件とはなり得ても十分条件ではなく、コペンハーゲン基準として示された民主主義や人権の尊重などの「ヨーロッパの価値」という十分条件を満たすためのトルコの長い道のりが、衆人環視のもとで開始されたということである。

年	議長国(時期) 理事会(開催日)	議長国結論の主要点	EUに関する 主要な出来事	トルコに関する 主要な出来事
一九九八年	イギリス （１～６月） Cardiff （６月15、16日）	・経済・財政改革 ・拡大（第62―69項、第68項トルコ）	1／9　仏外相トルコ訪問、会議への参加促す 3／12　**ヨーロッパ会議**開催（トルコ欠席） 3／31　加盟交渉開始（キプロスを含む6カ国） 4／27　対トルコ支援金にギリシア拒否権 5／19　英クック外相、トルコ訪問	1／16　トルコ憲法裁判所、福祉党解散命令 3／6　トルコ首相の「ドイツは生存圏追及」発言にドイツが強く抗議 4／15　トルコ軍、PKK攻撃、16勝利宣言 5月　欧州理事会の結論次第で会談拒否を再考と談話
	オーストリア （７～12月） Vienna （12月11、12日）	・雇用問題が最優先課題 ・予算改革 ・拡大準備（第63項トルコに言及） ・候補国ごとの進捗報告書 ・H. コールに名誉欧州市民称号	・世界人権宣言50周年 9月　ドイツ総選挙（SPD勝利） 11／4　EU初の防衛閣僚会議	9／23　イスタンブール市長（エルドアン）に懲役10ヶ月の判決 10月　PKK保護に対してトルコ軍がシリアへ戦闘宣言 11／11　PKK党首オジャラン、ローマで拘留
一九九八年	ドイツ （１～６月） Berlin （３月24、25日） Köln（Cologne） （６月３、４日）	・AGENDA 2000予算改革枠組み確定（ベルリン） ・J. ソラナをCFSP上級代表に指名（ケルン、任命9月） ・拡大方針（第57－61項　各国の事情に見合ったペースで）	1月　EMU第三段階開始 2月　独、緑の党、国籍法改正案合意 3月　サンテール委員会総辞職、プロディ委員長指名 3／24　NATOコソヴォ空爆 5／1　**アムステルダム条約**発効 6月　欧州議会選挙	1／10　軍が美徳党へ閉鎖警告 1／17　エジェヴィット管理内閣成立 2／16　オジャラン、ケニアのギリシア大使館で逮捕、トルコへ引き渡し 4／18　総選挙（エジェヴィット連立内閣） 5／31　オジャラン裁判開始　6／29死刑判決 6／30　NYでトルコ・ギリシア外相会談
	フィンランド （７～12月） Tampere （10月15、16日） Helsinki （12月10、11日）	・EU緊急部隊設立合意（6万人規模） ・拡大（第3－13項、第9項b　キプロス分断状態が加盟の阻害にはならないことを確認　第12項　トルコを加盟候補国とする）	9／1　ギリシア、拒否権不行使表明 9月　スウェーデン、トルコ加盟に抵抗 9／15　プロディ委員長による委員会発足 11／29　フィンランド、トルコに対して死刑執行へ強い警告 12／10　ソラナ上級代表等トルコ訪問	8／17　イズミール沖大地震 9／7　ギリシアで地震 11／15～19　米大統領トルコ訪問 11／18、19　イスタンブールでOSCE総会開催 11／22　IMFとスタンドバイローン合意 12／3　NYで両キプロス首脳会談

第2章
加盟交渉のダイナミズム──アクター、争点、支持

八谷まち子

はじめに

トルコを正式な加盟候補国とした 1999 年 12 月の欧州理事会結論から、実際に加盟交渉が開始された 2005 年 10 月まで、6 年近くの期間がおかれた。

トルコが、EU と合意し準備した国家プログラム(1)により、加盟交渉へむけて歴史的な国内改革に取り組み始めたこの時期は、EU の拡大が世界の耳目を集めていた時期でもある。まず、2002 年には加盟交渉がすすめられていた 12 カ国のうちの 10 カ国について同時加盟の結論が出され(2)、2004 年 5 月に EU 構成国は 25 カ国となった(3)。その一方で、2002 年の結論は、トルコ加盟へ向けた方針については明言を避け、トルコはコペンハーゲン基準の政治的基準を満たしていると欧州理事会が判断した場合に

(1) 第 5 章に詳しい。

(2) *Copenhagen European Council 12 and 13 December 2002, Presidency Conclusions*, Council of the European Union, Brussels, 29 January 2003, 15917/ 02 POLGEN 84, I. Enlargement, 3.

(3) さらに 2007 年 1 月には、ルーマニアとブルガリアが加盟して EU 構成国は、27 カ国となった。

は「即座に（*without delay*）」交渉を開始するとして、2年後の2004年12月の欧州理事会まで最終的な判断を先延ばしにした[4]。そして2004年に出された結論は、翌年2005年10月3日に加盟交渉を開始するとしたものの[5]、2004年の第5次拡大交渉の経験に依拠して、新たに交渉の枠組みが設定され、この枠組みに同意することが交渉開始の条件とされた。

6点にまとめられた枠組みの内容は、EUと候補国との関係を「契約関係」と位置づけ、EUの基本原則に対する深刻な違反が認められれば交渉の凍結もありうるとし、さらに、交渉はオープンエンドであり、何らの結果が保証されるものではないことを確認している[6]。そして翌年、トルコとの加盟交渉を実際に開始するにあたっては、2005年10月3日の深夜まで交渉開始の是非をめぐって議論が交わされ、なんとか交渉開始を認める理事会の全会一致が成立したのであった。

トルコは、公式に加盟候補国と位置づけられたことによって、2002年の政権交代に関わりなく、国家プログラムに沿った8回にわたる改革パッケージを打ち出して国内改革を進めていった。しかし、EUの側では、1999年のユーフォリア的雰囲気は時間の経過とともに消失していった。そこには国際政治における環境の変化と、拡大によるEU域内政治の構造の変化の両面が指摘できるであろう。前者は、2001年9月11日のいわゆる「同時多発テロ」をきっかけに興隆してきた新たな世界政治の対立構造であり、その対立構造はイスラーム社会を世界政治における強力なパワーとして認識し、文化的要因を世界政治の明確な争点へと押し上げる効果をもたらした。こうした世界政治の変容は、EU内における政治の潮流にも無関係であったとはいえないであろう。また、EU域内政治の局面におい

(4)　*Op. cit., Copenhagen European Council Presidency Conclusions*, I, 9.

(5)　*Brussels European Council 16/17 December 2004, Presidency Conclusions*, Council of the European Union, Brussels, 1 February 2005, 16238/1/04 REV 1, CONCL4, I. Enlargement, Turkey 19, 20, 21, 22.

(6)　*Ibid.*, I. Enlargement, Framework for negotiations 23.

ては、一挙に 10 カ国が増えた拡大事業による多様な学習事項がもたらすある種の反動に加えて、キプロスが EU 加盟国となった事実がもたらす影響力も明らかである。特に、加盟に関する決定は全会一致を規則としている以上、各加盟国の主権の行使は絶対的影響を有することになる。

ただし、EU の政策決定過程は、加盟国政府と EU 諸機関とが交錯する多層的制度として理解され[7]、そのような制度のあり方においては、政府間交渉あるいは超国家的決定という単純なくくりには収まりきれないダイナミズムが働く。特に拡大をめぐる交渉は、通常の外交交渉の要素を持つ一方で、将来の「身内」を相手とした交渉であることから、その形式と内容において質的に特殊であるとされる[8]。そこでは、EU 諸機関、既存の加盟国、そして加盟申請国という多様なアクターが存在しており、複数のレベルでの交渉が同時に進行し、かつ交渉期間が概して長期にわたることから、加盟交渉独自の環境が形成されていくという指摘や[9]、加盟交渉とは「身内」を迎えるための外交交渉であるという特殊性から、交渉のほぼ 90 %は既存加盟国間の交渉に費やされるという指摘もある[10]。

こうした事実から、EU 加盟交渉におけるアクターの特定とその役割はとりわけ重要であると考えられる。さらに、交渉期間が長期にわたるために争点が動く可能性は常に大きい。また、近年は EU の正統性の重要な源泉を EU 市民の参加に求めることが一般的論調となっているため、新規加盟国の承認についても民意を問うとしたフランスの例もある。

本章では、トルコとの交渉に関わる主要なアクター、浮上する争点、さ

---

(7) Liesbet Hooghe and Marks Gary, *Multi-Level Governance and European Integration*, Rowman & Littlefield Publishers, Lanham, 2001.

(8) Alice Landlau, "Negotiating the Enlargement" in P. Meerts and F. Cede (eds.), *Negotiating European Union*, Palgrave, 2004, pp. 199 – 216, specially pp. 200 – 203.

(9) *Ibid*., p. 200.

(10) *Ibid*., p. 208.

らに加盟国国内の政治動向とトルコ加盟に関する世論に焦点をあてて、EUにおける加盟交渉のダイナミズムを明らかにすることを試みる。

トルコの加盟交渉は難航している。EU委員会は、交渉が開始されて一年後の2006年11月に、加盟のための連合協定の追加議定書(11)で合意されている義務を果たしていないというキプロス問題をたてにとった理由で、加盟のために実施すべきアキ全35章のうち8章について交渉の凍結を勧告し(12)、欧州理事会においても承認されてしまった(13)。トルコのEU加盟へ向けた過程は足踏みを余儀なくされたようにみえるが、交渉のダイナミズムを回復させる鍵も存在するはずである。

I　アクター

EUの新規加盟国の承認には、欧州理事会における全会一致が必要である。この最終段階の決定までには、加盟の申請→EU委員会の「意見（Opinion)」→総務・外務理事会の承認（全会一致）→欧州理事会結論、という手続きを経る(14)。したがって、新規加盟の決定過程は、政府間主義の性格が強く、各加盟国が第一のアクターとして挙げられる。

しかしながら、一連の加盟交渉はあくまでもEU制度内で遂行されるのであるから、EUの諸機関の役割も重要である。とりわけEU委員会は、

(11) EU加盟の準備段階として、候補国はまずEUとの間に「連合協定」と称される二国間協定を締結する。トルコの場合は、1964年に締結されていた「アンカラ協定」および、1972年に合意され74年に発効した「追加議定書」を「連合協定」とみなしている。

(12) *Press Release*, IP/ 06/ 1652, Brussels, 29 November 2006.

(13) *Press Release*, 2770th Council Meeting, General Affairs and External Relations, 16289/ 06 (Presse 352) p. 9., *Helsinki European Council14/15 December 2006, Presidency Conclusions*, Council of the European Union, Brussels, 12 February 2007, 16879/ 1 / 06 REV 1 CONCL3, I Enlargement Strategy, Turkey 10.

加盟申請を受けてその妥当性を分析した「意見」を提出するし、提出された「意見」が肯定的であるか否定的であるかが最終的な結論を左右する側面も大きいため、キープレイヤーである。また、理事会をまとめるのは輪番制の議長国（Presidency）であるが、議長国は自国の利益の実現以上にEU としての政策を代弁する立場におかれるために、ある特定国の加盟に対する賛否の表現も抑えられたものになる傾向がある。これらは、EU の超国家性に由来するアクターのあり方であろう。

さらに、加盟申請の承認を確実なものにするためには、申請国を強く支持する加盟国の存在が重要であるとされる。ところが、トルコの場合は最も明確に支持を表明し、かつ積極的に加盟国への働きかけを行っているのは、非加盟国であるアメリカ合衆国なのである。

本節では、EU 加盟国、EU 委員会と議長国という二つの EU 機関、そして場外プレイヤーとも言うべきアメリカ合衆国の三者に焦点をあてて、加盟交渉における諸アクターがもたらすダイナミズムの検証を試みる。

---

(14) 欧州議会（European Parliament, EP）は、手続きとしては以下のような形で加盟交渉に関与している。まず、EU 委員会が提出した「意見」、さらに各候補国に対する年次報告書に対して独自の見解を発表する。理事会は議会の意見を参考にする。2004 年のトルコに関する報告書の承認については、理事会決定の前日に議会では投票による決議を行った。それに対して、理事会結論は、第 21 項において「書き留めた（*noted*）」と言及している。Brussels European Council Presidency Conclusions, *op. cit*., 21.

加盟申請国と EU が「連合協定」を締結する際には、欧州議会の「同意」が必要と規定されている（EC 条約第 310 条）。庄司克宏『EU 法　基礎編』岩波書店、2004 年、50 頁。

新規加盟国の承認は、理事会が EU 委員会との協議（consulting）を経て欧州議会の「同意（assent）」を得たのち、全会一致で決定をする。議会の「同意」は議員の過半数の賛成により成立する。「同意」が得られない場合は、理事会は採択できない。『欧州連合設立条約』第 49 条。

1　EU 加盟国

新規の加盟申請国は、一般的には、地理的に近接して歴史的つながりが深い既存の加盟国に支持されている。当然そこには各国の国益もしくは影響力の拡大への期待があるであろう。2004年の第5次拡大を例にとれば、キプロス共和国の加盟承認のためには旧東欧諸国の加盟に対して拒否権の行使さえ辞さなかったギリシアの強硬な態度は、周知の事実となっているし、農業問題をはじめとして解決されるべき最も多くの問題が指摘されていたポーランドは、一貫してドイツの支持を受けていた。また、北欧三ヶ国がバルト三国の加盟を強く支持していたことは、その地理的、歴史的つながりに照らしてもきわめて自然であった。

それに対して、トルコの加盟をめぐっては、同一国ではなくとも、常に抵抗する国が存在している。そのようななかで、トルコの加盟に一貫して支持を表明しているのはイギリスである。イギリスはEUの原構成国ではないもののEUの「大国」のひとつとみなされ、実際にブレア政権は特に安全保障の分野で重要なイニシアティヴを発揮している(15)。EUの安全保障は北大西洋条約機構（NATO）との協調関係を維持しながら実施されるために、NATO加盟国であるトルコの当該分野における存在意義は大きいはずである。しかしながら、安全保障は重要な争点ではあっても加盟の絶対条件とはなり得ていない(16)。さらには、イギリスのEU政策は、共通通貨を採用していないことに象徴されるように、統合の深化には常に一定の距離を保つ国家連合型の統合を追及するものであるから、イギリスによるトルコ加盟の支持が有するインパクトも希釈される印象がぬぐいがたい。

その一方で興味深いことに、抵抗している国のトルコに対する態度は、

---

(15)　たとえば、1998年のサン・マロ宣言は英仏による軍事的危機管理の共同歩調を対外的に示したことで、EUレベルの危機管理能力を含む「欧州安全保障防衛政策（ESDP）」の策定へと至った。

(16)　第1章を参照のこと。

変化していくことも指摘できる。たとえば、1999 年後半の時点で、トルコを加盟候補国とすることに強い留保を表していたスウェーデンは、懸念の最大の理由であった人権状況のトルコ国内での改善の動きを評価して支持へと方針を転回した。変化の最も顕著な例は第 1 章で見たギリシアである。しかしギリシアの立場がニュアンスに彩られたものであることに変わりはない。トルコとの間のエーゲ海大陸棚をめぐる境界紛争は未解決のままであるし、なによりギリシアはまず第一にキプロスの支援にまわることは明らかである。ところが、そうしたギリシアとキプロスの絶対的関係の故に、キプロスとトルコの困難な状況において仲介者としての役割も期待されていたのである[17]。トルコ―ギリシア関係に横たわる問題には大きな進展は観察されないが、両国の政治的対話は活発であり概して良好な関係が継続している事実は重要であろう。

加盟国の数が増大するにつれて、EU 内での大国と小国という認識がはっきりとした形をとるようになっていることが指摘されている。27 カ国体制の今日では、イギリス、ドイツ、フランスが大国として認識されている[18]。トルコの加盟交渉開始の日程への期待が高まっていた 2004 年の後半の議長国であったオランダは、これら三カ国との協議に大半の時間を費やしたという[19]。この三ヶ国のなかで、フランスの立場は微妙であった。当時の大統領シラク（J. Chirac）は、一貫してトルコ加盟への支持を表明していたが、国内の世論は反対の勢いが急速に強まっていた。フランスの EU 政策を 2007 年の大統領選挙を射程に入れた争点として、サルコ

---

(17) Peter Ludlow, *Dealing With Turkey-The European Council of 16–17 December 2004*, EUROCOMMENT Briefing Note Vol. 3 N. 7, February 2005, pp. 16–17.

(18) *EUobserver*, “Big EU states gaining power despite enlargement”, 05. 04. 2007.

(19) Ludlow, *op. cit.*, p. 13. また、同上の記事も、シラクを「頭がよくてしつこくて、尊大な政治的動物」と評して、彼の強力な存在力を示唆している。

ジ（N. Sarkozy）がトルコ加盟に反対を唱えたことは、EU への否定的な意見が勢いを増した原因のひとつであろう[20]。このように、フランス国内の状況は厳しいものであったが、欧州理事会においては、最長老のシラクの重みは確かなものであったようである。理事会の結論原案が全会一致のための最終段階の調整に至ったとき、交渉開始日程を明らかにするための条件に満足していなかったキプロス共和国大統領パパドプーロス（T. Papadopoulos）が拒否権行使を示唆しようとすると、シラクは「ここら辺りではそういうことはしないものだ」という一言を発してその場を収めたことが、ラドロウによって活写されている[21]。

加盟国の EU 内における利害関係は錯綜しているし、争点によってそれぞれに異なる利害関心にしたがって協力や抵抗の相手が変わることもありうると思われる。しかし、加盟問題のような EU の歴史を形成する大きな議題において、全会一致の規則のなかで孤立する状況に陥ることはどの加盟国も好まない選択である。トルコ加盟の交渉開始日程について、キプロスと並ぶ強硬な反対意見を国内に抱えていたオーストリア首相のシュッセル（W. Schüssel）が、トルコと EU の関係を「特権的パートナーシップ」に留めておくことを執拗に主張したものの、それが不可能な状況を見極めて、最終的には理事会結論を受け入れたのは孤立を回避するためであったことが大きい[22]。このように、それぞれの加盟国は国内世論に最大の配慮をしながらも、EU としての決定が合意されていく過程が生み出す独自のダイナミズムから外れることは、EU の一体性を損なうリスクを伴う決断であり最後の選択肢であると思われる。その意味で、「拡大」交渉の 90% は既存加盟国間の交渉であるという指摘には首肯できるものがある。

---

(20)　この後、2005 年 5 月 29 日の国民投票で、フランスは EU 憲法条約批准を拒否する。

(21)　Ludlow, *op. cit.*, p. 33.

(22)　*Ibid.*, p. 28.

2　EU諸機関

加盟交渉の手続きはEU委員会の「意見」に始まり議長国の「結論」に終わる[23]。本質的に政府間交渉である加盟交渉において、超国家的機関としてのEU委員会と加盟国政府が務める議長国の役割の交差は、EUという組織の特質を体現している。

各加盟国には固有の利害があるものの、議長国の責を担う6ヶ月間は、アジェンダセッターである議長国は自国に特有の問題をアジェンダとするよりは、それぞれの加盟国が抱える問題関心の仲介者として、より広範な枠組みを持つ課題の立て方をとって提示する。たとえば、1995年のスペインは、MEDA（Financial and Technical Measures to Accompany the Reform of Economic and Social Structures in the Framework of the Euro-Mediterranean Partnership）を策定し、トルコをふくむ地中海沿岸地域のネットワークを強化してEU（当時はEC）との政治的対話の制度化を目指した。また、1998年のオーストリアは、加盟して初めての議長国の任についてその職務を成功裡に全うすることが重要であった。そのときの「議長国結論」のトルコ加盟に関する記述は、「トルコをヨーロッパへ近づけるあらゆる努力が重要である」というEUの公式見解の表明に留まっており、トルコ加盟に一貫して反対の態度を崩していないオーストリア政府の見解は示唆されていない[24]。しかしながら、トルコとの交渉開始を決定した2004年12月の欧州理事会においては、首相のシュッセルは、最後まで執拗な抵抗の態度を崩さなかったことは、前項で述べた。

議長国は、アジェンダの設定においては「全体的なゴール」を見極めて、

---

(23)　注(14)で記したように、加盟交渉における欧州議会の役割は限られている。議会は、理事会からの報告を受ける（…*be informed*）ことになっているし、独自の意見を決議するが、拘束力を有するものではない。本項では加盟承認ではなく、加盟交渉を検証するのが目的であるから、アクターとしての議会は割愛するものとする。

(24)　*Vienna European Council, 11 and 12 December 1998, Presidency Conclusions*,. V. Enlargement, 63.

前向きな雰囲気を作り出すことも重要になる[25]。2004年12月の議長国はオランダであったが、オランダは2002年の選挙で反移民・反イスラームを訴えるフォルタウィン（P. Fortuyn）が率いる政党が驚異（脅威？）の議会進出を果たし、それをきっかけに国内にはトルコ加盟に反対する意見が伸長していた。そのような自国の状況ではあったが、議長国結論の作成に当たっては、オランダ政府はドイツ、フランスと緊密な連絡をとりながら、トルコとの交渉開始の日程を示すという「共通の立場（Common Position）」に立ち、議事の進行方法についてはEU委員会との綿密な打ち合わせを行ったという。そして、理事会における議論で表明されたいくつかの異論は、議長国の議事進行の権限によって退けられている[26]。

平島が指摘するように、EUの「諸機関は、相互にチェックス・アンド・バランシズの関係には配置されていない[27]」のであり、理事会とそれを支える常駐代表委員会（Coreper）[28]は、スムーズな議事の進行のために情報の収集、事前の議題の調整から進行の手順までEU委員会との綿密な連絡は不可欠である。

拡大に関する議事においても、EU委員会の役割は大きい。加盟申請国に対する「意見」から理事会結論に至るまで、ほぼEU委員会が準備する「意見」や「勧告」などの文書に基づいて議論がなされるし、加盟申請国とEU加盟国との間に立って実際に加盟交渉を担うのはEU委員会のなか

---

(25) Alain Guggenbühl, "Cookbook of the Presidency of the European Union," in P. W. Meerts and F. Cede（eds.,), *op. cit.*, pp. 171 – 197.

(26) Ludlow, *op. cit.*, pp. 27 – 28.

(27) 平島健司「政体の観点からEUを考える」、中村民雄［編］『EU研究の新地平』（ミネルヴァ書房、2005年）29 – 50頁、特に35頁。

(28) Coreper: Comité des Représentants Permanents（The Permanent Representatives Committee）の略称で、在ブリュッセルのEU加盟国大使により構成される会議。近年は、公使の会議であるCoreper Iと大使の会議であるCoreper IIに分けられている。それぞれの分担領域において、自国の閣僚や首脳のために理事会の議案を事前に調整する。理事会同様に議長国が輪番で議長を務める。

の「拡大総局」およびアキの各章に関係する総局（DG）である。その一方で、拒否権を持つ加盟国の支持がなければ、提案する政策の実現は困難であるから、EU 委員会にとっても意見調整のための事前協議は重要である。

このように、EU の機関としての議長国と EU 委員会は、単純に政府代表であったり超国家的であったりはしないし、まして、対抗しあう機関でもない。EU の制度が持つ決定過程における独自の制約と役割に規定されつつ、個別のアクターや加盟国の利害を時としてトレードオフしながら、加盟交渉は、EU そのものに肯定的なメッセージを発しうる結果を追求する独自の流れを作り出すといえる。

3　アメリカ合衆国

EU の創設から発展においてアメリカ合衆国が果たした役割は大きい。さらに、ヨーロッパの地域統合が冷戦の遺産としての一面を持つことも決して否定できない事実である[(29)]。しかし、この項でアメリカを取り上げるのは、EU そのものとの関係においてではなく、トルコの EU 加盟の最大の支持国としてである。

EU 加盟申請国にとって、加盟の実現のために死活的ともいえる要因は、既存の EU 加盟国の支持を確保することである。トルコも、相対的な支持国を EU 加盟国のなかに持っていた。だが、そうした国の支持が、はたしてどの程度までトルコに対する友好と理解に基づいていたであろうか。

トルコの加盟交渉開始に関する理事会の合意が成立しようとしていたとき、交渉開始の条件として、トルコはキプロスを含むすべての EU 加盟国と関税同盟を実施することが既に盛り込まれていた。すなわち、全ての EU 加盟国に対して空と海との貿易拠点を開港することが要求された。こ

---

(29)　遠藤乾「日本におけるヨーロッパ連合研究のあり方」中村民雄［編］、前出注(24)、1－27 頁、特に 15 頁。

の条件こそが2007年現在のトルコとの部分的交渉凍結という困難な事態を作り出しているが、トルコを支持していたイギリス、ドイツ、イタリアのどの国も、当該条件がどのようなトルコの反応を喚起しうるかについては何の発言もなく、何の懸念もなかったようである[30]。二国間条約である関税同盟は、相手国承認を意味する。キプロス共和国に対するそうした行為がトルコに対して持つ意味の重大性は、議長国結論がようやくまとまろうとしているムードと、日程を明らかにすればトルコは当該結論に盛り込まれた内容の大半には目をつぶるであろうという楽観的予測の前で、見落とされてしまったようである。EUとトルコとの利害が対立しても真の調整者となりうる加盟国は不在であった。

その一方で、トルコとアメリカとの関係は「特別な関係」であると言える。トルコはNATOをはじめとして欧州審議会（CE）、経済協力開発機構（OECD）、欧州安全保障協力機構（OSCE）さらには欧州人権裁判所（ECHR）などのいわゆる西側諸国を構成国とする国際機関の加盟国であるが、多くの場合、それぞれの時代の国際状況のなかで、アメリカの強力な後押しにより加盟が実現したといっても過言ではない。ここにもトルコの地政学的優位を読み取ることができる。冷戦体制のもとで、トルコは西側防衛の最前線に位置しており、西側リーダーとしてのアメリカの庇護を享受し続けてきた[31]。このような「特別な関係」は、冷戦体制の終了後も文脈を変えて継続している。まずはバルカン地域の安定化と危機管理の作戦展開の基地として、次いで、アメリカが宣言した「テロとの戦い」を展開するための重要な基地とされたのである。こうして、世界構造が変容しても、アメリカにとってトルコを味方の陣営に組み込んでおくことの意義は変わっていない。トルコとアメリカの「特別な関係」をより安定的なものにするための最強の方法は、恐らく、トルコをヨーロッパの防衛、政治体制に制度的に組み込んでおくことであろう。

---

(30)　Ludlow, *op. cit.*, p. 29.

しかしながら、このようなアメリカの事情がトルコの EU 加盟問題と連結されることが必ずしも効果的とはいえない。特に EU 内で態度が二分されたイラク戦争においては、アメリカとヨーロッパとの関係も分断的で冷めたものとなったし、イラク戦争の直接の利害国であるトルコで反アメリカの世論が席巻した事情もある(32)。イラク戦争以後は、トルコにとっての最大の支持国としてのアメリカの EU に対する影響力は、顕著に低下しているといえる。

1999 年にトルコを加盟候補国とする結論が出された直前は、OSCE 総会のためにトルコを訪れたクリントン大統領による大々的なトルコ支援が繰り広げられた。アメリカの積極的アプローチには、苦々しい反応を隠さない EU 諸国もある。それは、新規加盟国というあくまでも EU の専決事項に対する第三者の干渉への不快の念である。その一方で、たとえばトル

---

(31) たとえば、アメリカがマーシャル基金を創設するきっかけになったのはギリシアの防共であったが、トルコの長年のライヴァル国であったギリシアへの経済支援は、定常的にトルコのほぼ 3 / 4 に抑えられていた。R. R. Krebas, "Perverse Institutionalism: NATO and the Greco-Turkeish Conflict," in *International Organization*, No. 53, Vo. 2, 1999, pp. 363 -4. ただし、アメリカのトルコ政策は苛酷でもあった。1962 年のキューバ危機の際には、トルコに配備されていたジュピターミサイルの撤去をソ連と密約していたし、63 年のキプロスの緊張が高まった折には、トルコがキプロスを侵攻するならば一切のアメリカ製の装備の使用を禁じるとの書簡が当時の米大統領ジョンソンから出されている。この文書は外交史上稀に見る高圧的文書とされている。八谷まち子「EU の「加盟基準」とトルコ」石川明編集代表『ゲオルク・レス教授 65 歳記念論文集　EU 法の現状と発展』信山社、2001 年、92 頁、脚注 5)。

(32) そのピークは、2003 年 3 月に、イラク攻撃の前線基地としてアメリカ軍がトルコに駐留することをトルコ国民会議が否決したことであろう。国会にあたる国民会議は、公正発展党（AKP）が単独与党を形成できる絶対多数を占めていた。当該動議の否決によってトルコとアメリカの関係が緊張をはらんだものになったことは否定できない。否決の理由のひとつに、1990 年の湾岸戦争の折に、トルコは重大な経済的打撃を蒙ったが、アメリカからそれに対する補償がなされなかったことへの不満があるとされている。

コの戦略的重要性を熟知しながらもトルコをEUの共通安全保障の枠組みに入れることへのEU加盟国の抵抗に見られたように(33)、トルコが加盟国としてEUの制度的枠組みに公式に組み込まれるまでは、場外プレイヤーであるアメリカはトルコにとってもEUにとっても、それぞれの異なる文脈で重要であり続けるであろう(34)。

II　争点とその意味

トルコのEU加盟をめぐる争点は、加盟基準として要請されるいわゆるコペンハーゲン基準のなかの政治的要件が中心であった。しかしながら、トルコを候補国として承認し、そして加盟交渉を開始するという進展のなかで、次なる過程へ進めるための条件が付記されて、新たな争点を浮上させることになる。その最たる例は分断キプロスをめぐる問題であるが、その一方で、理事会の場で争点化させることを回避されている問題もある。本節では、トルコのEU加盟にとっての諸争点のなかで、基本としてのコペンハーゲン基準、アポリア的なキプロス問題、そしてEUの本質を問うと考えられる文化論争の3点を取り上げて検証する。

1　コペンハーゲン基準

今ではEU加盟とほぼ同義的に理解されているコペンハーゲン基準は、旧東欧諸国の加盟申請が相次ぐなかから、共通の加盟基準として1993年に明らかにされた(35)。民主制、法の支配、人権、少数者集団の権利の尊

(33)　第1章II 2。

(34)　Madeleine Albright with Bill Woodword, *The Mighty & the Almighty*, Harper Perennial, 2007, esp. pp. 244 – 249.

(35)　*European Council in Copenhagen, 21–22 June 1993, Conclusions of The Presidency*, SN 180/ 1 / 93 REV 1, 7. Relations with the Countries of Central and Eastern Europe A. iii).

重が保障される制度、機能している市場経済、およびEU内の市場競争力に対処できる能力という条件は、当初は旧東欧諸国を想定した加盟基準であったが、これらの項目が新規加盟国が満たすべき原則とされるのに時間はかからなかった。1997年に明らかにされた加盟申請国へ向けた拡大戦略である『アジェンダ2000』でより整理された形で加盟条件として強調された。すなわち、政治的条件（民主制、法の支配、少数者の権利保護)、経済的条件（市場経済が機能していること)、およびEU法の総体系であるアキの受容の三要件である。このなかで、「アキの受容」に相当する部分は、コペンハーゲン議長国結論においては、「政治的、経済的、および通貨同盟の構成国の義務に対処できる能力を前提とする」という表現であってEU法の国内化を求める具体的な措置は、『アジェンダ2000』によって規定された。第5次拡大の10カ国は、コペンハーゲン基準を満たしているとの判断により候補国と位置づけられ、「加盟前協約（Pre-accession Agreement)」を締結して、『アジェンダ2000』に従ってアキと国内法の調和という加盟のための作業を実施した。そこでは、加盟は前提であり到達地点であった。

トルコに対しては、2002年12月の議長国結論の後、理事会の要請にしたがってEU委員会より「トルコ加盟のためのパートナーシップ（Accession Partnership)」の改訂版提案が提出された(36)。その目的は、トルコがコペンハーゲン基準を満たす、すなわちトルコのEU加盟への準備を一層支援することであり、そのための優先事項を明らかにし、それらの措置を可能にする制度的、財政的支援を提供するというものである(37)。トルコは他の候補国同様に、国家プログラムを策定し実施する、さらに、その進捗状況は毎年、EUとトルコ政府の代表で構成される加盟理事会において評価されることが規定された。

---

(36) COM（2003）144 final, Brussels, 26. 3. 2003. 第一回目の「加盟パートナーシップ」はCouncil Decision on 24/ 03/ 2001, OJL-85.

(37) *Ibid.*, ANNEX 2. Objectives, p. 9.

これらの一連の方法は、他の候補国にも同様に求められていた。しかし、大きな違いは、トルコの加盟は目指すべきゴールではあっても、既定事項ではなくゴール地点は定まっていないことであり、それにもかかわらず、民主制の確立や人権状況の改善とともに、アキの国内法化が要請されていることである。

なぜEUは加盟未確定のトルコにも他の加盟候補国と同様の方法を適用するのであろうか。もちろん、コペンハーゲン基準の3基準を満たすことが加盟の大前提であることは明白だが、加盟を最終形態と確定しないままに、アキの国内法化を要求することが、後年のEU-トルコ関係にどのように反映されるであろうか。EUのシステムに限りなく調和的な制度がトルコ国内に確立された場合には加盟国として迎え入れるから、問題とはならないとの見解もありうるであろう。しかし、不明なままの最終形態を目指して、改革への国内合意と政治的エネルギーの継続を期待することはきわめて困難である。現に、トルコ国内には既にEUへの反発が広がり、自国のEU加盟に対する支持率は急速に低下している(38)。

EUはトルコの加盟を「他の申請国と同様の基準で」判断するとヘルシンキ議長国結論で述べている。その基準とはコペンハーゲン基準であることに異論をはさむEU諸国はないであろうが、既存の加盟国間に存在するトルコ加盟に対する意見の相違という考慮にたって、EU委員会はまたしてもトルコ政策をあいまいなものにしていると言えるようだ。

EUは「法の支配」にのっとって、全ての候補国に同様の基準を適用するのであるが、基準を適用する対象の前提が異なっている。第5次、第6次拡大の12カ国にはEU加盟と言うゴールが明白に示されていたが、トルコについては「開放的」であるとされる。しかしながら、加盟と非加盟の中間的な準加盟国という位置づけ（特権的パートナーシップ）はありえないともEU委員会は断言している。結局、最終的に拒否権を行使する権限

(38)　第6章参照。

を持つ加盟国の意向を尊重すれば、よりポジティヴなEUのイメージを発するようなトルコに対する明確な決定を出すには程遠い状況にあって、そのことが、「トルコはEUのプロセスに参加している[39]」という精一杯の表現をとっているのであろう。それでも、アキの前倒し的な実施と監視は、トルコの国内事情に合致した改革をもたらすものであって、その改革がEU加盟につながるという希望の故にトルコに受け入れられたのである。

そうであるとすれば、アキの国内法化を要請しながらEUとトルコ関係の到達地点を明確にしないことは、アキが内在的に持つ改革の可能性も抑制することとなり[40]、トルコ国内の改革もEUとトルコの関係もダイナミズムを失っていくことは避けられないであろう。

2　キプロス問題

2004年ブリュッセル議長国結論において、トルコは加盟交渉を開始する条件として、25カ国全てのEU加盟国との間で関税同盟の署名を求められた。エルドーアン首相は、署名が即座に国家承認を意味するものではないことをあらためて確認したうえで、2005年7月に署名を行い、交渉開始の障害を取り除いていた。が、国民会議はこの署名を批准せず、また、政府は関税同盟に定められている港と空港の開放をキプロスに対しては実施していない。

キプロスとの関税同盟の実施とは、ギリシア系キプロスによるキプロス共和国をEU加盟国として認めることであり、そのことは、繰り返し確認されていることとは裏腹に、現実問題としてデ・ファクトに同国を国家として承認することにもつながっていく[41]。さらに、キプロス加盟直前の2004年の住民投票で[42]、国連が提案したキプロス統合案を選択した北キプロスを置き去りにして、国連案を拒否したキプロス共和国のみをEUの

---

(39)　第1章、注（54）

(40)　Mehmet Uğur, *The European Union and Turkey: An Anchor/Credibility Dilemma*, Ashgate, 1999.

パートナーとして承認することは、北キプロスの保護国としてのトルコの存在意義をも問う問題である。

EU 内には、国家分断という厄介な問題を抱えたままのキプロス共和国を加盟国として受け入れることには反対の声もあったが、1990 年代当時は(43)、旧東欧諸国を受け入れることは何にもましての優先課題であった。また、EU は、トルコの加盟申請を受けて以来、近隣諸国との問題は国際法にのっとって解決すべきことを繰り返し述べており、EU が解決に乗り出す姿勢は全く見せていない(44)。また、キプロスの EU 加盟後も、トル

---

(41)　キプロス島は、1974 年以来、北部のトルコ系キプロスと南部のギリシア系キプロスとに分断された状態が継続している。キプロスは、1960 年にイギリスから独立して以来、トルコ系住民とギリシア系住民の関係は緊張が続いていた。1974 年、ギリシア軍の支援を受けたキプロスのナショナリスト集団 EOKA によってクーデターが発生し、当時のキプロス大統領であったマカリオス（Makalios）が追放された。EOKA はギリシアとの併合を意図しているという恐れと共に、人口的には少数であったトルコ系住民は、島内で少数民族として扱われることへの不安が強く、実際、クーデター直後にはトルコ系住民に対する暴力もあった。こうした状況に対して、キプロス共和国の保証国のひとつであったトルコは、同じく保証国であったイギリスに武力介入への参加を拒否された後、トルコ系住民保護の名目で、同年 7 月 20 日と 8 月 14 日の 2 回にわたって単独でのキプロス島侵攻を決行した。その結果、島の約 37 %にあたる北部を「占領」し、その後、1983 年に「北キプロストルコ共和国（TRNC)」として独立を宣言させた。TRNC は、トルコ共和国以外には国際的承認を得ていない。爾後、分断状況が継続しているキプロス島は、グリーンラインと呼ばれる分断線の一ヶ所に国連軍が駐留している。2004 年 5 月に北と南の境界の検問所が開放されて、両地域の住民の往来が可能になったが、根源的問題は未解決のままである。

キプロス問題が EU 加盟との関連でトルコに与えた影響については、第 6 章 *I* を参照のこと。

(42)　2004 年 4 月 24 日に実施された住民投票。北キプロスは、64.91 %がアナン事務総長案に賛成であり、ギリシア系キプロスは、75.8 %が反対であった。

(43)　キプロスの EU 加盟申請は 1990 年、EU 委員会の「意見」公表は 1993 年、加盟交渉開始は、1998 年である。

(44)　八谷まち子「トルコの EU 加盟と分断キプロス問題」『法政研究』第 70 巻第 4 号 157－172 頁。

コとキプロスの問題が EU の問題として真剣に議論されることもなく、一方の当事者が非加盟国である二国間の問題がヨーロッパ化することを望まなかった。

ところが、加盟国となったもう一方の当事者であるキプロスは、2004年の新規加盟 10 カ国のなかでは国民一人当たりの GDP は最大であっても、人口はわずか 80 万人ほどの小国であるが、拒否権を持つことに変わりはなく、したがって自国の主張を押し通すことも可能である。とりわけ、EU 内におけるキプロスは、これまでのところ、ほとんどシングルイッシュー（すなわち、トルコ問題）国家に近い行動をとっている。こうして、結局は、分断キプロス問題はヨーロッパ化されたことになる。旧東欧諸国の加盟問題とリンクしてキプロス加盟を実現したギリシアの戦略は成功したが、この小国が持ち込んだ問題の深遠な影響が明らかになっている。それは EU の制度に由来するものであると同時に、EU の将来像に真正面から挑戦するものでもある。そして、EU 加盟国となることが、一国の政府にどのような可能性をもたらすかという証左も示している。

3　文化と国家

EU の年次報告書がトルコに対して強く改善を求めるのは、コペンハーゲン基準の政治的要件が大半である。EU 市民によるトルコ加盟に反対の理由としては、人権侵害や表現の自由などの民主的欠陥に加えて、EU に比してのトルコの経済発展の遅れ、そしてキリスト教文化の継承国ではないことなどが主な理由としてあげられる。特に、「テロとの戦い」という標語が結ぶ具体的な敵のイメージとして、イスラーム原理主義者たちがあり、それが結果的にイスラームに対する違和感となっている事実は否めない。また、2004 年のマドリード、その翌年のロンドンと EU 加盟国の首都で起こったテロ行為とその悲惨な結果、さらに 2005 年にフランスで立法化された「これ見よがしの宗教的シンボル着衣の禁止」の規定、デンマークの新聞によるムハンマドの戯画に対する 2005 年秋のイスラーム教徒からの厳しい反発などヨーロッパを舞台とした一連のできごとは、それぞれに異なった背景の事件でありながら、全体としてイスラームに対するネガティヴなイメージをさらに凝縮させた。

そのような時期に加盟交渉の開始が付議されたトルコは、公式には人口の 99.3 %が（スンニー派）イスラーム教徒であるとされている。トルコは国家制度として世俗主義を憲法で規定しているものの、ヨーロッパ市民にとってはあくまでもイスラームの国という受け止め方が一般的であり、そこから、キリスト教の伝統の上に築かれてきた人権、思想信条の自由などの価値への理解が欠如している、という意見が聞かれたりもする。実際、トルコにおいては、特定の宗教に訴えたり、特定の民族の属性を強調するような言動は、トルコ共和国の分断を謀るとして法により禁止されている。多くのジャーナリストが、EU も問題としているトルコ刑法 301 条違反として拘留され、訴追されていることは事実であり、クルド人に対するトルコ政府の強硬な政策もつとに批判を受けている。さらに、こうした政策の強力な後ろ盾としての軍部の影響力も、制度的に弱められてきたとはいえ、厳然としたものであることも批判を呼ぶ点である。

しかし、これら一連の政策はイスラームによるものではない。厳格な世俗主義と「トルコ国民」という一体的国民像を措定する国家のあり方がもたらしている結果なのである。すなわち、トルコの政治的要件の改善は文化の問題ではなく、国家の問題なのである。実際に、トルコの国内改革は 2002 年 11 月の総選挙でイスラームの流れを汲む公正発展党（AKP）が政権について以来、それ以前の世俗政党による政権にも増して、大幅にすすめられた。

EU 加盟国のなかには、EU のキリスト教的伝統を憲法条約に入れることを主張する国もあったし、そのような伝統を中心にすえた価値観によって、トルコ加盟に反対を唱える市民の意見も存在する。それとは対照的に、トルコが国家建設の理念上の範を求めたフランスは、厳格な世俗主義を憲法で謳っており、EU における宗教的価値の記述には強硬に反対をした。

実際に、EU委員会の報告書が宗教上の理念にたった問題をとりあげることはなく、民主制の観点にたって信教の自由の確立を要請するものとなっている(45)。同時に、欧州議会が、クルド人女性国会議員へ人権問題への貢献にたいするサハロフ賞を与えたり(46)、アルメニア人虐殺というトルコの歴史的問題について発言をし、国家侮辱罪に問われた小説家へノーベル文学賞が授与される(47)など、トルコの民主制のあり方に対する批判をこめた象徴的行為もある。

象徴的行為をソフトな措置だとすれば、EUのアキへの国内制度の調和は、トルコ共和国のあり方を外部から力ずくで変えていくハードな措置であろう。トルコにとってのEU加盟とは、そのような圧力を国内の民主的改革へと結びつけていくトルコのリーダーたちの指導力と、国家の基本的変容を受容する国民的合意を意味している。トルコのEU加盟交渉が、更なる国家建設を要求する一大事業であるならば、そうした事業を執行するパートナーであるEUのトルコに対するコミットメントの責任は大きいといわざるを得ない。

III　EU域内世論の動向

EU委員会が年に2回実施しているEUに関する幅広い事項の調査はユーロバロメーターとして公表される。それによれば、加盟申請国に対するEU市民の支持には、対象となる国によって幅がある。第5次拡大の10カ国についていえば、加盟前2002年11月の調査では、最大の支持を

(45)　たとえば、*Turkey 2006 Progress Report*, SEC（2006）1390, Brussels, 8. 11. 2006, pp. 16 -7.

(46)　1995年、トルコ関税同盟成立直前に、当時の国会議員でクルド人の権利を主張したために拘束されていたライラ・ザイナ（Leila Zeina）に与えられた。授賞式には、拘留中の本人に代わって夫が出席した。

(47)　2006年ノーベル文学賞は、オルハン・パムク（Orhan Pamuk）が受賞した。

受けているはハンガリーで48％、次いでマルタが47％、最も支持が低いのはスロヴェニアで35％、次がリトアニアの36％となっている。それに対して、トルコ加盟の支持は31％、反対は他の候補国に比べても突出して47％であった(48)。トルコに対するEU市民の支持は常に低いことが知られているが、本節第1項では、ユーロバロメーターに従ってトルコ加盟への支持のあり方を確認する。そのうえで、第2項において、近年EU批判の高まりが顕著となり、それに伴ってトルコ加盟にも反対の声が強まっているフランスの世論を検証する。

1　EU市民とトルコ

ユーロバロメーターは、トルコのEU加盟に対するEU市民の支持について大変厳しい結果を示している。

新たな加盟国についての調査に初めてトルコが含まれたのは1993年であるが、この年の結果は、反対意見が賛成を上回っているもののその差は大きなものではない（支持39％、反対42％）。ところが、年を追うごとに反対意見が増えていき、トルコが正式に加盟候補国とされた1999年においても、その直近時の調査とは変わらない数字となっている（支持30％、反対47％）。同年8月の大地震で世界的連帯がトルコを覆ったと思われたが、そのことが市民のEU加盟の支持とは直結していない。EUの指導者たちの決定は、必ずしも市民の判断を反映したものではなかったということであろうか。

一時的にトルコ加盟の支持が上昇したのは、「9・11事件」の直後の調査である（2001年秋、支持34％、反対46％）。しかし、その後は反対意見がコンスタントに上昇していることを、調査結果は如実に示している。

トルコに対する批判は、ヨーロッパ市民のEUに対する期待と大いに関

(48)　反対は、ハンガリーが31％、マルタは最も反対が少なくて30％、スロヴェニア40％、リトアニア38％である。*Standard Eurobarometer 57*, 6. 3, p. 89

係しているであろう。その期待の具体的な項目として、ユーロバロメーターが挙げている「EU のイメージ」と「ヨーロッパレベルでの政策決定が望ましいと考える分野」を取り上げてみる。前者はより理念的でありEU 市民の価値感を示し、後者は EU に期待される機能を示しているといえる。

2006 年に実施された「ヨーロッパの将来」[49] と題した特別調査の結果によれば、EU 市民にとっての EU とは何にもまして加盟国間の「協力(cooperation)」であり「結びつき (unity)」である。そして、ヨーロッパとしての決定が望まれる分野は、「テロとの戦い」、次いで「世界の民主主義と平和の推進」、「組織犯罪との戦い」「研究技術革新での協力」と続いている。

このような EU 市民による EU の自己同定をトルコの加盟への低い支持と相対させて考えてみると、トルコに対するイメージが EU の期待にそぐわないものであるという推論ができる。ヨーロッパ諸国の「結びつき」が何によるものなのかは、ユーロバロメーターのデータでは不明であるが、EU 域内に在住する移民たちが、トルコ系に限らず概して移民街を形成して暮らしている現実が、送り出し国のイメージにも強い影響を与えていることは否めないであろう。さらには、「民主主義」や「平和」がイスラームの対極にあるような誤解をうみやすい時代の潮流の真只中で、イスラームの国としてのトルコという理解が、一般の EU 市民に対してどのような効果をもつかは想像に難くない。

このような EU 理解に対峙したときに、トルコの地政学的な重要性やエネルギーの安定供給における期待される役割や若い労働者層の厚さなどが、十分な説得力を有していないことが、トルコ加盟への低い支持から読み取ることが出来る。トルコの加盟が EU にもたらすであろう利点と EU が標榜する諸価値との、すなわち、現実的利点と理念との合致点が発見される

(49) *The Future of Europe*, Special Eurobarometer 251/Wave 65. 1.

ことがトルコ加盟への支持を獲得する鍵となる。

表 1 ：トルコ加盟に対する EU 市民の支持

	1993		1996		1997		1999		2000		2001		2002		2005	
	春		春		春		春	秋	春	秋		秋	春	秋	春	秋
賛成	39		36		32		29	30	30	30		34	31	32	32	29
反対	42		44		45		47	47	47	48		46	47	49	55	57
EU25 賛成															35	31
EU25 反対															52	55

出所：ユーロバロメーター表記載の各号に基づいて筆者作成。空欄はデータなし

2　フランスの国内世論

EU 新規加盟国の承認を市民が直接に決定する制度は存在しない。ありていに言えば、市民の支持が得られなくとも、政治的決断が出されれば加盟は決定できるのであり、実際にこれまでの EU 拡大において市民の反対で拒否されることになった加盟申請国はない。ところが、国内の EU 批判の高まりを受けて、シラク大統領は、トルコ加盟の賛否を問う国民投票を行うと述べた(50)。シラク自身は、2007 年 5 月に退陣したが、個人的には親トルコであったシラクからこうした発言を引き出すことになったフランスの国内世論は、トルコに対しては相対的に厳しい態度をとる。その最も厳しい批判の対象は、トルコにおける人権侵害である。わけても、クルド問題とアルメニア問題であると思われる。

表 2 ：トルコ加盟に対するフランスの支持

	1993		1996		1997		1999		2000		2001		2002		2005	
	春		春		春		春	秋	春	秋		秋	春	秋	春	秋
賛成	27		24		28		23	26	23	21		21	19	23	21	21
反対	58		61		54		58	59	57	62		62	64	64	70	68

出所：ユーロバロメーター表記載の各号に基づいて筆者作成。空欄はデータなし

トルコにおけるクルド人の位置づけについては、人権問題を象徴する事がらとして理解されており、既に多くの紹介がなされているので、ここでは繰り返さない(51)。近年フランス世論が先鋒にたっている問題に、アルメニア問題が挙げられる。

オスマン帝国時代の 1915 年に、アルメニア人の独立を阻止する目的で、帝国東部に居住していたアルメニア人がシリア方面へ強制移住をさせられる出来事があった(52)。アルメニアの主張によれば、その過程でおよそ 150 万人が犠牲になり、これは、ジェノサイド（genocide）にあたるとする。それに対してトルコは、犠牲者は主に餓死によるものでその数は 30 万人程度であり、何より、犠牲者を生んだのは計画的ではなかったのでジェノサイドにはあたらないと主張している。EU 加盟問題が具体化するにつれてアルメニア問題に関するトルコの歴史的責任を問う動きが強まったこともあって、トルコにおいてこの問題がようやく公の場でも議論されるようになってきた。しかしながら、両者の主張の隔たりは大きく、縮まりそうにはない。

こうした状況のもとで、2006 年 10 月 12 日に(53)、フランス国民会議は、アルメニア人虐殺を否定することを有罪とする法律を採択した。もともとフランスは、1915 年のできごとをトルコによるアルメニア人虐殺であると認める立法を 2001 年に成立させている(54)。今回の立法は、2001 年法を強化する条項であり、アルメニア人虐殺を否定することは犯罪であると定

---

(50) 2004 年 10 月 1 日、ストラスブールでの発言。*Le Monde*, 7 octobre, 2004.

(51) さまざまな立場からの文献や論文は豊富である。クルド人全体についての概説書として、川上洋一『クルド人　もうひとつの中東問題』集英社新書、2002 年。

(52) 夏目美詠子「トルコ――したたかな EU 加盟戦略」羽場、小森田、田中編『ヨーロッパの東方拡大』岩波書店、2006 年、252－275 頁。夏目は、「アルメニア問題は、クルド問題以上にトルコ人の民族感情を刺激する歴史的タブーであった。」と述べる。(270 頁)

(53) この日は、アルメニアジェノサイドに言及したオルハン・パムクのノーベル文学賞受賞が発表された日でもある。

グラフ 1 ：トルコ加盟に対する EU 全体、およびフランスの支持の変化

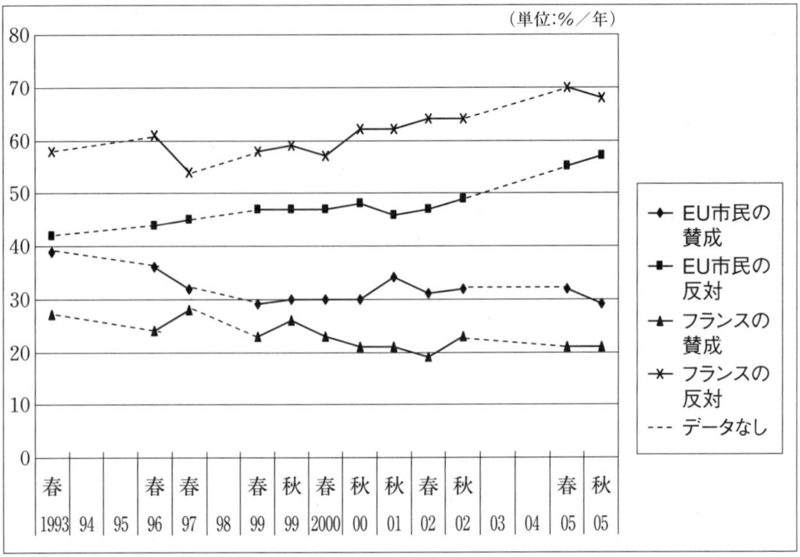

出所：グラフ記載年のユーロバロメーターに基づいて筆者作成

め、1 年以下の実刑と 45,000 ユーロの罰金の両方かどちらか一方が科せられるとする(55)。ヨーロッパでは 12 カ国が、ナチスによるホロコストの否定に対する罰則を規定しており、特定の意見を立法で禁ずる行為そのも

(54) *Loi no 2001–70 du 29 janvier 2001 relative à la reconnaissance du génocide arménien de 1915*, J. O. n° 25, 30 janvier 2001. 当該立法が国民会議を通過した 1998 年の時点で、当時のトルコ大統領デミレル（Demirel）はシラク大統領宛に、同法の成立の阻止に影響力（大統領署名拒否）を行使するよう依頼する文書を送っている。*Financial Times*, June 5, 1998.　結局、2001 年法は成立したが、その罰則を規定する 2006 年の提案が国民議会に採択されたことに対しては、シラクは個人的な遺憾の意を、エルドーアン首相に表明したと報道されている。*Turkish Daily News*, 16 October, 2006.

(55) *CEPS Policy brief*, No. 114, October 2006, Centre for European Policy Studies.

のは、必ずしも目新しいことではないとされる[56]。

しかし、今回のフランスの動きにはEU委員会は批判的であり、拡大担当委員のレーン（O. Rehn）はフランスに対して、このような法律が規定されればトルコに対して議論を封鎖してしまうことになり、EUとトルコとの関係に致命的なダメージをもたらすことになるであろうと述べて、立法化への強い警告を発している[57]。また欧州議会議員でありEU—トルコ議員委員会委員長のラーヘンダイク（J. Lagendijk）は、このような法がフランスで成立すれば、アルメニアのケースがジェノサイドに相当するという広範な合意が成立していない状況の下で、当該問題の自由な議論を困難にすることになり、それは、トルコに対してEUが改善を要求している言論の自由の確立への信頼も損ねることになるであろうと述べている[58]。この懸念は2006年下半期の議長国であったフィンランドも共有しており、特に、トルコに対して修正もしくは廃棄を強く求めているトルコ刑法301条をめぐるトルコ国内の改善へ向けた努力に大きく水を差すことになるとして、言論の自由を保障するという観点から仲裁の方法を探ることを明らかにした[59]。

フランス国内の動きの背景には、1915年のできごとによる難民を多数受け入れており、現在およそ40万人のアルメニア人が在住していることも一因であろう[60]。しかし、2006年の時期にさらなる厳しい立法化を目指した理由はなんであろうか。2004年に10ヵ国の新規加盟国を迎え、さらに2007年1月には2カ国を加えるEUの拡大に対する支持は、フラン

---

(56) *Ibid.*, p. 3. ホロコストの否定に対する罰則規定を持つ国は、フランス、ドイツ、オーストリア、ベルギー、オランダ、スペイン、スイス、ポーランド、チェコ、スロヴァキア、リトアニア、ルーマニア

(57) *EUobserver*, 10. 10. 2006.

(58) *Ibid.*

(59) しかし、結局はフランス国民議会はジェノサイド否定に対する罰則を採択し、トルコは11月15日にフランスとの軍事関係の当面の凍結を発表した（*EUobserver*, 16. 11. 2006）。

ス国内ではきわめて低い[61]。トルコ加盟については、2005年の国民投票によるEU憲法条約否決の理由のひとつであるとされたほどである。こうした文脈において、2001年法の強化がフランス世論のEU批判を反映したものであるのか、人権というフランス憲法が正面に掲げる理念にのっとった普遍的行為であるのかを見極めていく必要がありそうである。

当該法案の最終的な成立のためには、上院での採択と大統領の署名が必要となる。この一連の手続きを進めることで、トルコにフランス製品の不買運動が広がることを危惧する意見もある[62]。しかしながら、より深遠な問題は、このような排除原則に基づくと思われる行為が、EU市民によるEU理解へ与える影響とEUとトルコとの関係に及ぼす影響力であろう。特に、フランス世論の動向は、フランスの持つ政治的影響力と共に、支持か不支持かの選択を明確にさせる方法に訴えることが多く、メディアの扱いも大きくなり、EU全体の意見形成にも大きく影響してくる。トルコ加盟に対するフランス世論の好転のためには、経済的効果という現実的な理由ではなく、説得的な価値の共有が認められることが不可欠であると思われる。

---

(60)　彼らの子孫には、歌手のアズナブールやデザイナーのアラン・マヌカン、アラン・ミクリなどの有名人がおり、彼らはシラク大統領と共に、2006年9月30日の「虐殺記念日」にアルメニアの首都エレヴァンで式典に参加した。*Le Monde*, 01. 10. 06.

(61)　「全体としてEU拡大はいいことだ」という問いに対して、EU 25カ国のなかで、「そうは思わない」との答えが半数を超えたのは、オーストリア（52％）、フランス（52％）、フィンランド（50％）である。*Special Eurobarometr* 251, 3. 4. 1, p. 55. また、2002年11月の調査では、13カ国の加盟についての賛否を尋ねた項目では、EU 15カ国平均で39％が賛成に対して、フランスは15か国中最低の25％の賛成に過ぎない。ちなみに、賛成が最も多いのはスウェーデンの60％となっている。*Standard Eurobarometer* 57.

(62)　*Le Monde*, 16. 10. 2006. なお、当法案は上院が採択しなかったので、最終的に不成立となった。

おわりに

トルコのEU加盟をめぐる議論には留保、もしくは、はっきりと反対を表明する意見が常に存在する。また、EU市民によるトルコ加盟への支持も常に30%前後にとどまっている。それにもかかわらず、トルコは加盟申請から12年を経て1999年にEU加盟候補国とされ、さらにその6年後の2005年に加盟交渉が開始された。こうした展開の出発点は、1964年発効のアンカラ協定が規定しているトルコのEU加盟に関する条項である[63]。EUは、自らの規範とする「法の支配」に拘束される形で、トルコの加盟申請に向き合わざるを得なかった。

EU内の特定国からの頑強な抵抗を抑え込む形でトルコの加盟交渉は開始されたが、アキ35章のうちわずか2章（研究開発、産業政策）が終了したのみで、1年も経たずに8章が凍結されるに至り、交渉の歩みは鈍い。しかしながら、加盟交渉は継続されており、2007年後半には新たに2章（統計、財務管理）の交渉が開始される。トルコのEU加盟は、あくまでも「オープン・エンド」であり、明確な最終形態が約束されたものではない。この点は、あくまでもEU加盟国となるための交渉が重ねられてきた過去6回の「拡大」との明確な相違点である。

そうした状況のもとでの加盟交渉においては、アクターによる課題の理解と概括的印象、加えて争点が持つ意義が、時間の経過とともに変化する可能性は大きく、このような流動的状況は、トルコのEU加盟に対する支持のあり方にも少なからぬ影響を与えるであろう。そこには、最終形態が決定されていないが故に、膨大な時間とエネルギーを要求する交渉過程が期待された成果をもたらさないままに、立ち枯れとなってしまうリスクも

---

(63) アンカラ協定第28条は、トルコのEEC加盟の可能性を適切と判断される時期に審査すると規定している。JO No. 217, 64/733/CEE, 29 DÉCEMBRE 1964.

垣間見える。

しかし、現時点では、直接の当事者であるEU委員会、トルコ政府の両者ともに、それぞれの立場に立った肯定的な関与を表明している。EU委員会は、理事会の構成メンバーである加盟国政府のなかから表出するトルコ加盟反対の動きに対して、全会一致による決定は尊重されなければならないと繰り返し警告している(64)。トルコの加盟に反対の立場を明確にする加盟国は無くなりそうにないが、トルコの加盟交渉開始の決定は、EU内での孤立を極力回避するという立場が支配的な組織慣習のなかで成立したように、トルコをEUプロセスに関与させておく重要性が認識される限り、最終目標としてのEU加盟へ向かっていく交渉のベクトルは継続していくと思われる。ここでは、非公式な制度の特徴としてEUの加盟交渉が、全会一致で決定される政府間交渉でありながら、超国家機関としての一体性が重要視されていることが指摘できる。

場外プレイヤーとしてのアメリカの影響力は、EU-トルコ関係のあり方においては看過できない要因であったが、加盟交渉においては、あくまでも当事者が関与する問題として考慮の外にある。ただし、対アメリカ関係が重きをなす分野が、EUにもトルコにもそれぞれに厳然としてあることには変わりはない。

加盟国間の意見の相違は、地域共同体としてのEUの能力を低減させるリスクをはらんでおり、EU近隣の地域的安定の保障にとってもマイナスの影響を与えかねない。特にトルコに関しては、EUにとっての地政学上の重要性は明らかであり、そのような国家へ否定的なメッセージを突きつける事態は好ましいものではないであろう。EU委員会が、トルコを排除しないためのぎりぎりの対応を模索し続けていることの理由のひとつに、この点があると思われる。

しかしながら、トルコの有意性はEU市民の支持の拡大には結びついて

(64)　レーン拡大担当委員の発言。たとえば、EUobserver, 06. 07. 2007.

いない。それは、トルコの EU 加盟がもたらすと期待される利益よりも、不利益の方が大きいと市民が判断していることを意味するだろう。安価な労働者の大量移入や、経済発展の遅れによる EU の負担、イスラームの国がいずれは EU 内で最大の人口を持つ国となるかもしれない予測など、EU 市民の不安感を惹起していると思われる事がらを正確に分析する必要がある。ただし、仮に、巷間の不安がいわれのないものでありトルコの加盟が EU にとってもたらす利益の大きさが証明されたとしても、果たしてそのことが市民の支持を得るに十分説得的たり得るかについては、悲観的にならざるをえない。たとえば安全保障上のトルコの重要性は、ポスト冷戦のわずか 20 年足らずの間にも十分に証明されているにもかかわらず、トルコの EU 加盟へ向けたダイナミックな動きへとは至っていない。それは、抵抗する加盟国との妥協点を探る作業であり、トルコを排除しない最小限の制度を構築していく作業となっている。

こうした「あいまいな関係」に新たなダイナミズムを与えるものとしては、イズミール沖地震の後の世界的連帯が示したように、EU とトルコが共有する規範が市民の感情に訴えて、広く受け入れられることがひとつの鍵となるようだ。旧東欧諸国の EU 加盟申請が相次いだ時期には、「誘拐されていた古い家族が戻ってくる」として、当該諸国の加盟については、きわめて感情的な支持から出発して、コペンハーゲン基準という規範的な合意ができあがった。キプロスの加盟では、「2000 年にわたってヨーロッパの文化と文明の源泉……ヨーロッパのアイデンティティと特質を疑いなく有しており」とそのヨーロッパとしての特質を強調する理由付けがなされた。もちろん、トルコがイスラーム諸国とキリスト教諸国との地理上の隣接点に位置していることで、いわゆる「文明の架け橋」的な役割を見出す意見もあるし、それは、社会的にはイスラームであり世俗主義を憲法に謳っている国家への評価につながるかもしれない。しかし、トルコ加盟をめぐる合理的理由は EU 全体を動かすほどのダイナミズムを生んでいない。

新たな争点の展開も見られる。2005 年から 6 年の冬にロシアがウクライナに要請した天然ガス料金の見直しをきっかけに、EUでもエネルギーの安定供給が死活的な問題となっている。EUはあらたなエネルギー戦略を打ち出して、エネルギー供給の安全保障を論じている。ここにおいても、トルコをEUに組み込むことは再び重要な意義を持つ。2006年に完成した、カスピ海原油輸送パイプラインは、ロシアもイランも通過せずに、アゼルバイジャンのバクとトルコのジェイハンを結んで、トルコにヨーロッパ最大の原油積出港を形成した[65]。この例に典型的なように、ロシアへの依存を軽減したいEUのエネルギーマーケットにおいて、トルコの地政学が決定的な重要性を持つようになると思われる[66]。

EUにとってのトルコの戦略的重要性は常に強調されてきた。世界政治の変容のなかで、その意義がEU市民の生活の一端として認識されるとき、トルコ加盟への不安感は後退すべき理由をさらに加えることになるが、その合理性は、同時に、EUとトルコは共有する価値を持つことが広くEU市民に受容されることを要請するであろう。

---

(65) 1998年に着工し、2006年7月13日に完成した、バクートビリシージェイハン（BTC）パイプラインである。完成の記念式典は、ジェイハンで行われ、関係するアゼルバイジャン、グルジア、トルコの首脳が参列した。*Turkish Daily News*, July 14, 2006. *International Herald Tribune*, July 26, 2006.

(66) カスピ海周辺の中央アジア諸国の天然ガスをヨーロッパへ輸出するためのパイプライン計画も進行している。

第3章
ドイツにおける外国人問題とトルコ

森井裕一

はじめに

現代のドイツにおいて、トルコの存在はいろいろな意味で非常に大きい。人口約8200万のドイツには、現在約250万人のトルコ系住民が住んでいるといわれる。このうち約70万人は既にドイツ国籍を有し、外国人として登録されているトルコ人は約180万人である。トルコ人はドイツにおいて最大の外国人集団を構成している。人口の約9％が外国人で構成される現在のドイツでは、至る所で外国人を見かけ、街角の商店も外国人経営者に運営されるものが多い。その中でもトルコの存在はひときわ大きく、大都市の一部の街区では、住民の多数がトルコ系で構成されているところさえ存在している。

本章は、EUの中でも最大の人口と経済力を有し、EUの政策展開に大きな影響力を有するドイツのトルコとの関係を、単にトルコのEU加盟問題という狭義の関係からとらえるのではなく、より広い社会的、歴史的な関係に重点を置いて考察していくこととする。そうすることによって、ドイツを例にとりながらではあるが、EUを構成する諸国とEUの外部との関わりや、外部と関わることによって国内の経済や社会がどのように変容してきたか、とりわけトルコとの関係は国内の社会変容に関してどのような影響を有してきたか、ということについてより深く理解することが可能になると考えるからである。

EUは確かに今日構成国の国内社会にも大変大きな影響を及ぼしている。しかし、EUの政策領域が直接にカバーしない社会政策の領域においても、経済統合が始まってから多くの移民が国内に住むようになったことなど、EUを構成する諸国には大きな変化が見られる。本章はドイツを例にとりながら、EUの発展と同時にEUを構成するドイツの社会はどのように変容してきたかを、トルコ系住民との関わりに焦点を当て、検討していくこととする。

I　戦後ドイツとトルコ

ドイツとトルコの関係を考えるにあたっては、もちろん歴史的な起源をたどれば非常に長い時間的枠組みで考えることも可能ではある。しかし、ドイツもトルコも、その国家が現在の形になったのは決して古いことではない。ドイツ語圏のハプスブルク帝国とオスマン帝国との複雑で緊密な長い歴史的な関係について本章では立ち入ることはせず、現在のドイツ連邦共和国とトルコ共和国との関係に限って、議論を進めていくこととしよう。

1　亡命知識人とトルコ

1933年にナチスがドイツで政権を掌握し、ユダヤ人をはじめとして政権に好ましくない人々の排除の政策を進めると、ドイツからは多くの知識人がアメリカをはじめ世界各地に脱出していった。その一部は経済的にも歴史的にも関係の深かったトルコに逃れていった。トルコは1923年の共和国としての建国後、西欧型の改革を政治、経済、社会のあらゆる分野で推進していたが、とりわけ教育改革、新しい大学制度の構築において、ドイツから逃れてきた研究者たちは大いに貢献することとなった。この中には既にドイツの大学で教授として教鞭をとっていたものも多くあり、哲学や医学、経済学などいくつかの学問分野においてはとりわけ重要な役割を果たした(1)。これは近代国家としての出発に当たって、最先端の知識を可能な限り早く導入する必要のあったトルコ共和国の当時の状況と、ナチスの迫害によって国外にとどまれなくなったものの、引き続き大学教授をはじめとした研究職にとどまりたいと希望したドイツ人の要望が合致したためであった。

このようなドイツ人の中には戦後ドイツで重要な役割を果たすこととなったロイター（Ernst Reuter）が含まれていた。ロイターは社会民主党（SPD）において第一次世界大戦後から活躍し、マクデブルク市長や帝国議会議員を務めていた。ナチスに収容所送りにされたが後に解放され、トルコに逃れたのであった。トルコでは経済省や交通省において都市交通制度などの企画立案にあたり、後にアンカラで地域政策の教授となり、ナチス・ドイツの敗北までトルコで過ごしたのであった(2)。帰国後ロイターは西ベルリンの市長となり、1948 年 6 月から 1949 年 5 月にかけてのいわゆる「ベルリン封鎖」に直面することとなった。「ベルリン封鎖」とは、米英仏ソの 4 戦勝国に分割占領された首都ベルリンが、ソ連が単独で占領する東部地域の中にあったため、ソ連がベルリンへ通じる陸路を完全に封鎖し、孤立した西ベルリンを手中に収めようとした事件であった。これに対して米英仏の西側諸国は、アメリカの主導によって空輸を開始し、ベルリンの市民生活を維持するためのエネルギーから食料に至るすべての物資を

---

(1) ナチスの迫害を逃れたドイツ人のトルコにおける活動についての詳細は以下を参照のこと。Cem Dalaman, *Die Türkei in ihrer Modernisierungsphase als Fluchtland für deutsche Exilanten,* Berlin, Freie Universität, Dissertation, 1998（http://www.diss.fu-berlin.de/2001/57/index.html）.

(2) *Ibid*, pp. 165 − 167.

飛行機によって供給し続けたのであった。ロイター市長はソ連の封鎖に屈せず、西ベルリンを守る象徴となったのであった。

ロイターは西ベルリンに設立された「ベルリン自由大学（FU）」にトルコ時代の友人たちを招聘するなどした。ロイターの事例はあくまでも象徴的な意味しか持たないかもしれないが、ナチス時代にトルコに逃避したドイツ人知識人たちはトルコの近代化に貢献し、その後のドイツ・トルコ関係に少なからぬ影響を与えたといえよう。そして今日「古き良き」ドイツとトルコの歴史的関係が想起されるとき、この亡命知識人たちのことがしばしば言及されるのである。

2　西独アデナウアー政権とトルコ

トルコは第二次世界大戦末にドイツに対して宣戦布告したため、ドイツに対する戦勝国となり、外交関係は一時断絶した。両国が外交関係を回復したのは1951年であった。トルコは戦後しばらく冷戦環境の下でも中立的な立場を維持していたが、この時点では既に西側に帰属する決断をおこなっており、1952年には北大西洋条約機構（NATO）に加盟した。

ドイツでは1949年に分断国家として、西側陣営に属する連邦共和国（西ドイツ）と東側陣営に属する社会主義国の民主共和国（東ドイツ）が成立していた。西ドイツはいわゆる「ハルシュタイン・ドクトリン」の下で、自国と外交関係を有する国は東ドイツとの外交関係を構築しないことを求めていたため、トルコは東方外交の結果として1970年代に入って東西ドイツの関係が一定程度正常化されるまでは、西ドイツ[(3)]とのみ外交関係を有していた。

1954年3月ドイツのアデナウアー（Konrad Adenauer）首相は初めてトルコを訪問した。この訪問後、両国関係はさらに緊密化していくことと

(3)　以下西ドイツ（ドイツ連邦共和国）をドイツと表記し、特に明記しない限りドイツは連邦共和国を意味する。

なった。当時のドイツにとって友好国との外交関係の構築はきわめて重い意味を有するものであった。それはアデナウアー政権の最も重要な政策課題の一つが、ドイツの国際的な地位の回復であったためである。ドイツは 1949 年に連邦共和国として独立していたが、独立時にはなお外交主権が制約されており、米英仏の戦勝国が派遣する高等弁務官の指揮の下にあった。アデナウアー首相にとってはこの状況からドイツの主権を回復することがきわめて重要な課題であったが、そのためには、第二次世界大戦によって失われたドイツ人に対する不信感を払拭し、ヨーロッパの一員として再び受け入れてもらうことが必要であった。

フランスをはじめとするヨーロッパのドイツ周辺国にとっても、また西側の盟主としてソ連から西欧を守るアメリカにとっても、東側と直接に長い国境線を接するドイツに対していつまでも不信の念を持って接することはできなかった。フランスは 1950 年 5 月にシューマン（Robert Schuman）外相が発表した石炭鉄鋼共同体（ECSC）条約によって、長年にわたってヨーロッパの戦争の原因となってきた石炭と鉄鋼産業を超国家的な統合機関の設立によって共同管理するという提案を行った。この「シューマン・プラン」こそが今日の EU につながるヨーロッパ統合の直接の起源であり、アデナウアー首相は ECSC によってドイツの国際的な地位の回復に大きな一歩を踏み出すことができたのであった。その後朝鮮半島において 1950 年 6 月に戦争が勃発し、冷戦が局地的に熱戦となったことによって、ヨーロッパにおいてドイツの再軍備が重要な課題となった。欧州防衛共同体（EDC）構想が批准の過程においてフランス議会の反対で否決されたことによって、ドイツ再軍備は NATO の枠組みの中で実現することとなった。そしてドイツは NATO と西欧同盟（WEU）に加盟することによって、1955 年に主権を回復した。

主権回復後ドイツの国家元首である連邦大統領ホイス（Theodor Heuss）は 1956 年 5 月に最初の公式な外国訪問としてギリシャを訪れているが、ホイスが二番目に公式訪問した外国はトルコで、1957 年 5 月のことであった[(4)]。この1957年3月には欧州経済共同体（EEC）と欧州原子力共同体（Euratom）を設立するローマ条約が調印されており、この経済統合によって、ドイツはヨーロッパの一員として、地位と信頼を着実に回復していったのであった。

II　経済とガストアルバイター

外交主権を回復し、欧州経済統合の一員として共同市場の構築に参加したドイツは、1950年代の中頃には経済的にも急激な戦後復興から新たな高度成長の時代に入りつつあった。1950年代半ばの高度成長は「経済の奇跡」と呼ばれ、1948年に導入された安定した通貨ドイツ・マルクとエアハルト（Ludwig Erhard）経済相による社会的市場経済の運営によって、ドイツ経済は戦前の水準を大幅に超えて再びアメリカに次ぐ経済力を回復するに至っていた。このためドイツの労働市場では労働力の不足が顕著になっていった。さらにドイツ再軍備も労働市場に影響を与えた。ドイツ再軍備に伴って、当時最も労働市場で必要とされる力を有していた青年男子の徴兵制が施行されることとなったため、労働力の不足問題は1955年以降一層深刻になることとなった。

この問題解決のため1955年12月には最初の協定がイタリアとの間で締結され、いわゆる外国人労働者「ガストアルバイター（Gastarbeiter）」がドイツに入ることとなったのであった[(5)]。初期の外国人労働者はイタリア、ポルトガル、スペイン、ギリシャなど南欧諸国の出身者が多数であった。

1961年10月30日にドイツとトルコの間で労働力に関する協定が締結された。この協定は、石油危機後の経済危機によって経済状況がきわめて

(4)　Auswärtiges Amt, *Außenpolitik der Bundesrepublik Deutschland*, Verlag Wissenschaft und Politik, 1995, p. 1123.

(5)　Ulrich Herbert, *Geschichte der Ausländerpolitik in Deutschland. Saisonarbeiter, Zwangsarbeiter, Gastarbeiter, Flüchtlinge*, München, C. H. Beck, 2001.

悪化した1974年に停止されるまでトルコからドイツへの労働力移動の基盤となった[6]。外国人労働力は石炭産業など、肉体労働を不可欠とする当時のドイツ経済の基幹産業を支えていた。1956年から始まった労働力の輸入は、時間の経過と共に急激に増加し、1964年にはついに100万人目のガストアルバイターが迎え入れられた。そして1973年までに約400万人の外国人がドイツで生活することとなった。

一時的に労働力を迎え入れ、一定期間が経過した後に出身国に戻るというローテーション原則に基づく外国人労働力管理政策は比較的早期に機能しなくなっていった。これは必ずしも外国人労働者がドイツにとどまりたいと考えたことのみによるのではなく、雇用者側の都合によるものでもあった。雇用者から見ても、せっかく職場にあわせて訓練した労働力を短期間で手放し、再び新人に職業訓練を施すという政策は非効率なものであったのである。1964年7月にドイツ外務省は協定に基づくトルコ人労働者に対する2年間の滞在期間制限を撤廃している[7]。こうして外国人労働者は次第にドイツ国内にとどまるようになり、さらに出身国からの家族の呼び寄せが行われるようになっていった。

ドイツの人口変動を観察してみると、1951年時点では約5千万人の人口に対して外国人はわずかに約50万人、比率は1％にすぎなかった。1961年をとっても約5千6百万の人口に対して70万人弱の外国人で1.2％であった。1960年代から70年代の初めにかけて外国人の数は増加し、1973年には全人口6千2百万人のうち、約4百万人が外国人となり、そ

---

(6) ドイツにおけるトルコ系ガストアルバイターとその社会的なインパクトの詳細については以下を参照のこと。Hunn, Karin, *“Nächstes Jahr kehren wir zurück…” Die Geschichte der türkischen “Gastarbeiter” in der Bundesrepublik*, Wallstein Verlag, Göttingen, 2005

(7) “Zur Geschichte der Arbeitsmigration aus der Türkei: Materialsammlung”, DOMiT（Dokumentationszentrum und Museum über die Migration aus der Türkei), 2000, p. 22.（http://www. domit. de/pdf/Materialsammlung. pdf）

表１：ドイツにおける外国人人口の変化

	全人口	外国人人口	比率（%）	外国人数の変動率
1951	50808900	506000	1.0	
1961	56174800	686200	1.2	35.6
1967	59926000	1806653	3.0	163.3
1968	60345300	1924229	3.2	6.5
1969	61069000	2381061	3.9	23.7
1970	60650600	2976497	4.9	25.0
1971	61502500	3438711	5.6	15.5
1972	61776700	3526568	5.7	2.6
1973	62090100	3966200	6.4	12.5
1974	62048100	4127366	6.7	4.1
1975	61746000	4089594	6.6	－0.9
1976	61489600	3948337	6.4	－3.5
1977	61389000	3948278	6.4	0.0
1978	61331900	3981061	6.5	0.8
1979	61402200	4143836	6.7	4.1
1980	61653100	4453308	7.2	7.5
1981	61719200	4629729	7.5	4.0
1982	61604100	4666917	7.6	0.8
1983	61370800	4534863	7.4	－2.8
1984	61089100	4363648	7.1	－3.8
1985	61020500	4378942	7.2	0.4
1986	61140500	4512679	7.4	3.1
1987	61238100	4240532	6.9	－6.0
1988	61715100	4489105	7.3	5.9
1989	62679000	4845882	7.7	7.9
1990	63725700	5342532	8.4	10.2
1991	80274600	5882267	7.3	10.1
1992	80974600	6495792	8.0	10.4
1993	81338100	6878117	8.5	5.9
1994	81538600	6990510	8.6	1.6
1995	81817500	7173866	8.8	2.6
1996	82012200	7314046	8.9	2.0
1997	82057400	7365833	9.0	0.7
1998	82037000	7319593	8.9	－0.6
1999	82163500	7343591	8.9	0.3
2000	82259500	7296817	8.9	－0.6
2001	82440309	7318628	8.9	0.3
2002	82536700	7335592	8.9	0.2
2003	82531671	7334765	8.9	0.0
2004	82500849	6717115	8.1	－8.4
2005	82437995	6755811	8.2	0.6

出所：Bundesanstalt für Migration und Flüchtlinge, *Migration, Asyl und Integration*, 2006, p.79 より作成。

注：1961 年と 1967 年の外国人数の変動は前年度のデータが存在しないためそれぞれ 1951 年と 1961 年に準拠している。1991 年以後は統一ドイツ

の比率は 6.4 %であった[(8)]。50 年代の奇跡の経済成長で不足した労働力を補うために導入された外国人労働者は、次第に国内にとどまるようになり、さらに新たに外国人労働者が入国していったことがこの急激な外国人の数の増加の原因となったのである（表 1 参照）。そしてこの急激に大きくなった外国人集団の中で、トルコ出身者の占める割合が最も大きなものとなり、ドイツにおける外国人といえば最初にトルコ系住民のことが想起されるようになっていった。

1973 年の石油危機に伴うドイツ経済の混乱によって、ガストアルバイターの受け入れが停止されると、その後外国人の数は 1989 年に「ベルリンの壁が崩壊」して冷戦が終焉するまで、大きく変動することはなかった。この間の外国人の数は、多少の変動はあるものの、約 4 百万人台、人口比で 6 ～ 7 %の間で推移した。

III 社会変容と国籍法の改正

1970 年代の外国人労働者の受け入れ停止と、ドイツの産業・エネルギー構造の変化に伴い、ドイツの外国人政策は転換していくこととなった。しかし、従来の労働力としての外国人の認識を転換することは、政府にとっても国民にとっても決して容易なことではなく、その過程は 30 年を要することとなった。そしてドイツ国内における外国人労働者の問題は、時間の経過と共に、その家族や次の世代も巻き込んで、ドイツ社会に大きな影響を与える重要な問題となっていったのである。

---

(8) 数値はドイツ移民難民局による（http://www. bamf. de/cln_042/nn_564242/SharedDocs/Anlagen/DE/DasBAMF/Downloads/Statistik/statistik-auflage 14－2-auslaendezahlen, templateId＝raw, property＝publicationFile. pdf/statistik-auflage 14－2-auslaendezahlen. pdf）。

1 「キューン覚書」

多数の外国からの住民を迎えて、外国人労働者の受け入れ停止後も、ドイツ社会は変容していった。多くの石炭・鉄鋼産業を抱え、ガストアルバイターの多数を受け入れたノルトライン・ヴェストファーレン州において1966年から78年まで首相を務めたキューン（Heinz Kühn）は、州首相を退いた後に新しく設置された連邦政府の外国人問題担当官となった。キューンは1979年9月に「キューン覚書」(9) として知られる外国人問題に関する報告書を作成している。この「キューン覚書」は、ガストアルバイターはもはや単に移動可能な労働力ではなく、出身地へ戻ることのないドイツへの移民となっていること、そしてもはや不可逆的な変化がドイツ社会に生じているという認識を示していた(10)。要するに「キューン覚書」は、ドイツはもはや事実上の移民国家になっているのであるから、外国人政策についてもそのことを前提として、外国人の社会的な統合に重点を置かなければならないことを指摘していたのであった。

従来のドイツの外国人政策は、労働力をどのように供給するかという視点から展開されていたが、今や社会政策的な要素が重要な比重を占めているのであるから、政策の転換が必要であるという認識が背景に存在している。このときまでには既にガストアルバイターとして入国した第一世代のみならず、ドイツで生まれた第二世代の存在が重要な課題として着目されるようになっていた。そして、もはや一時的にドイツに滞在する外国人の

(9) “Stand und Weiterentwicklung der Integration der ausländischen Arbeitnehmer und ihrer Familien in der Bundesrepublik Deutschland” (Kühn-Memorandum) (http://www. migration-online. de/data/khnmemorandum_1. pdf).

(10) Klaus J. Bade, “Ausländer- und Asylpolitik in der Bundesrepublik Deutschland: Grundprobleme und Entwicklungslinien”, Friedrich-Ebert-Stiftung, *Einwanderungsland Deutschland : bisherige Ausländer- und Asylpolitik; Vergleich mit anderen europäischen Ländern*, 1992 (http://library. fes. de/fulltext/asfo/01011002. htm#LOCE 9 E 3).

社会統合を考える時期は過ぎ去り、ドイツに留まろうとする外国人に対して持続的な社会統合の道を開く包括的な政策が求められていた。覚書の指摘するように、1978 年のドイツにおける外国人の数は約 398 万人であり、全人口の 6.5 %を占めているが、そのうち 18 歳以下の子供は約 100 万人となっていたのである。また 1971 年からドイツ人の人口増加は止まり、新生児の数は死亡するものの数を下回り始めたが、外国人の子供の数は増加を続けていた。このような人口バランスの変化が長期的に続き、ドイツの住民構成が変化する可能性も覚書は指摘していた。この「キューン覚書」はドイツにおける外国人問題の議論をさらに活性化させ、1980 年代にはドイツの外国人政策はさらに変容していったのであった。

2　1980 年代の外国人政策

1980 年代はドイツの外国人政策が、今日の視点からすればなお本質的な変更を避けつつ変容していった時代であったといえよう。その背景として 1970 年代にドイツ経済が石油危機や通貨制度の変動などの大きな国際的な影響下に置かれた際に政権を担っていたシュミット（Helmut Schmidt）首相に率いられた SPD と FDP の連立政権の政策が存在していた。国家財政の運営などをめぐって SPD と FDP の政策距離は次第に開き、最終的には FDP が 1982 年秋に SPD との連立を解消して CDU/CSU と連立を組み、コール政権を発足させることになるのであるが、外国人政策の基本的な考え方はシュミット政権からコール政権に継承されていったといえる。それは外国人の増加を抑制する政策を求めたのが連邦を構成する州政府であったためと、FDP が引き続き連立の一角を構成していたためである。シュミット政権末期から外国人労働者の家族呼び寄せを厳しくする政策がとられ、1982 年 7 月には帰国促進策が決定されている[11]。これがコール政権で「外国人帰国促進法」[12] となっていったのである。

---

(11)　*Ibid.*

コール首相は1982年10月の最初の施政方針演説で、新政権が国民に政権の信を問う選挙が予定されている1983年3月までの間の政策目標として、緊急プログラムを発表している(13)。この緊急プログラムは、①雇用の創出、②社会保障の充実、③人道的な外国人政策の展開、④外交安全保障政策の基盤の刷新であり、SPD・FDPの連立政権時代に国家財政赤字が増大し、経済が停滞した状況から生じた様々な問題を解決していくことを目指したものであった(14)。このプログラムの中で第三番目の項目として外国人政策があげられたことは、当時のドイツ社会にとって外国人問題が非常に大きな位置を占めていることを象徴しているといえよう。コール首相はこの施政方針演説の中で、外国人政策の基本原則として、①外国人のドイツ社会への社会統合、②外国人労働者の募集停止の継続と家族の呼び寄せ制限、③帰国促進政策の実施、をあげていた。(15)。コール政権の政策は、基本的にできる限り国内への外国人の流入を抑制しながら帰国を促し、国内に留まる外国人に対しては社会統合政策を実施するというものであった。

1983年11月に発効した「外国人帰国促進法」は、1983年10月から1984年6月末までの間に職場の閉鎖などの理由で失業し、帰国した外国人に対して一人あたり、1万500マルク、さらに子供一人あたり1500マルクを支払うことを規定した法律であった。1983年と1984年には外国人の数は確かにわずかに減少しているが、しかしこの帰国促進政策によって、

---

(12) Gesetz zur Förderung der Rückkehrbereitschaft von Ausländern vom 28. 11. 1983 (BGBl. S. 1377).

(13) これは1982年10月の政権発足が、FDPが連立パートナーをSPDからCDU/CSUに乗り換えたことによって可能になったためである。基本法の「建設的不信任」の規定によって、シュミット前首相の不信任と同時に後任のコール首相が新たに選出された。なお、1998年のシュレーダー政権の発足を除けば、戦後ドイツの政権交代は、政党の連立組み替えによって行われてきた。

(14) Deutscher Bundestag, *Plenarprotokoll*, 9 / 121 (13. 10. 1982), p. 7216.

(15) *Ibid*., pp. 7219 – 7220.

ドイツから多数の外国人労働者が帰国することはなかった。

コール保守政権下においては、外国人問題は労働力としてのガストアルバイターの受け入れ停止から「キューン覚書」を経て、労働政策ではなく、完全に社会政策の問題となっていった。またこの時期から、外国人をめぐる問題の中で難民庇護申請者の問題が次第に重要な課題として取り上げられるようになっていったのである。1982 年の施政方針演説でも既に、難民庇護権乱用を防止するためにあらゆる手段を講じることが言及されていた。

ドイツにおいて難民庇護申請者は、長年にわたって特殊な意味を有していた。それは、ナチスによって多数の人々が殺戮・迫害された反省に立って、連邦共和国の憲法である基本法第 16 条において、明確な規定がなされていたためである。基本法第 16 条 2 項は、いかなるドイツ人も外国に引き渡されることが許されないことを規定し、その後段で、政治的被迫害者は、庇護権を享受できることが規定されていた[16]。

この第 16 条の規定はドイツ基本法の中でも、戦後ドイツの政治的な姿勢を特に明確にしている条項であった。何人であっても、ドイツに入国して政治的に迫害をされていると申し立てれば、庇護対象となるか否かの審査が行われたのである。この規定を制定した建国期には、ドイツの指導的な地位にある多くの政治家もナチス時代に外国に庇護を求めて滞在していた経験を有していた。そして厳しい冷戦の時代には、社会主義圏から政治的迫害を理由に逃れてくる人々も実際に多く存在した。1956 年のハンガリー動乱や 1968 年のプラハの春、1981 年のポーランドの戒厳令施行など、東欧圏で大きな変動があるごとにドイツには庇護申請者がやってきた。1950 年代から 1970 年代中頃までの庇護申請者は年間数千名のレベルであり、急激な増加を伴って 1 万人を超えているのは 1956 年と 1969 年となっ

(16) 後に議論するようにこの規定は 1993 年に改正され、第 16 条 a 項におきかえられているので、改正前までの規定である。

ている(17)。しかし、これらの政治難民は、極端に多数ではなく、それが社会的な問題となることはなかった。問題となったのは、政治的な迫害を受けていると申し立ててはいるものの、実際には経済的な理由からドイツに流入してくる人々であった。1980年代に入って労働者としてのドイツへの入国が厳しく制限されるようになると、難民庇護申請者として入国を試みるものの数が多くなっていったのである。

特に問題となったのは、1970年代後半のトルコの政治システムの不安定化とその帰結として1980年9月に発生した軍事クーデターによって、多くのトルコからの庇護申請者がドイツにやってくるようになったことである。トルコ人の中には、国家機関からの政治的な迫害を受けているものもあれば、クルド系で少数民族として迫害を受けているものもいた。いずれにしても、ガストアルバイターのイメージでとらえられていたトルコ系住民が、この頃から次第に難民として認識されることも多くなっていったという変化に着目することが重要である。

3　難民庇護申請者の急増

1975年には9627名とまだ1万人を下回っていた庇護申請者は、その後増加を続け、1978年には一気に33136人に増加し、翌1979年には51493名となった。そしてついに1980年には10万人を超え、107818人にも達したのである。1980年から1990年代の前半にかけてドイツへの難民庇護申請者の流入はきわめて大きな数になっている。これらの全申請数のうち、トルコからの流入の比率は国際環境や紛争などの様々な情勢変化によって、また時期によって大きく変動しているものの、常に大きな比重を占めてい

(17) Bundesamt für Migration und Flüchtlinge, *Migration, Asyl und Integration in Zahlen*, 14. Auflage, p. 21. (http://www. bamf. de/cln_043/nn_564242/SharedDocs / Anlagen / DE / DasBAMF / Publikationen / broschuere-statistik, templateId = raw, property = publicationFile. pdf / broschuere-statistik. pdf) 以下庇護申請者のデータはこの文献による。

る。

また、内政の観点からしても 1980 年代後半には外国人問題が大きな比重を占めるようになったことにも留意が必要である。極右政党「共和党」は、難民庇護権を基本法から削除することを訴え、ドイツへの外国人の流入を阻止しようとしていたが、この活動は 1980 年代中頃から次第に注目を集めるようになっていった。1989 年春にはベルリン州議会に 5 %条項を超えて進出し、また同年 6 月の欧州議会選挙でも 5 %条項を超えて進出した。ドイツの政治システムにおいて、この 5 %条項は非常に重い意味を有しており、州選挙であれ、国政選挙であれ、得票率の 5 %を超えなければ比例代表システムの選挙において一議席も配分されないという制度によって、小さな政党は次第に淘汰され、また新しい政党が議会に進出することを妨げていた。これはワイマール共和国時代に多数の政党が乱立して政治が不安定になったことに対処するものであった。このような規定にもかかわらず、極右政党が州議会や欧州議会に進出したことは大きな衝撃を与えたのであった。これは一部の市民の間で、ドイツ社会には過剰な外国人が入り込んでいる、そのために政治は対応しなければならないという認識が広まっているものととらえられた。

ソ連のペレストロイカ政策によって、社会経済の自由化が進むにつれて、1980 年代の後半には、東欧圏から多くの人々がドイツに流入するようになっていった。難民庇護申請者も増加したが、同時に古くから東欧圏に居住していた多くのドイツ系住民（Aussiedler）もドイツに移住していった。1988 年には再び庇護申請者数が 10 万を超え、その後 1990 年には 19 万人強になり、91 年には 25 万 6 千人、そして 92 年には 43 万 8 千人もの庇護申請が出されたのであった。91 年と 92 年の大量の難民の中心は、旧ユーゴスラビア地域での内戦の勃発の影響を受けた人々であった（表 2）。

このときのドイツは、東ドイツの崩壊とドイツの統一という歴史的な転換期にあった。1989 年春からハンガリーなど先行して自由化・開放路線を進めた国を経由して、東ドイツ国民は西ドイツへの逃避を開始した。この流れは次第に強まり、国外脱出する人々の数はますます増大していった。鉄条網による国境管理によって国民の国外流出を防いできた東ドイツであったが、東側諸国の一連の体制転換のなかで、ついに 1989 年 11 月 9 日に国境を開放して、国民の出国を実質的に自由化したのであった。この結果、特に医療関係者など技術を有する人々は、より条件のよい西ドイツに流出し、東ドイツ経済は崩壊していった。1990 年 10 月 3 日に西ドイツが東ドイツを吸収する形でドイツ統一が達成されたが、社会主義時代の 40 年間に遅れてしまった社会基盤の整備をはじめとして、ドイツは旧東ドイツ地区の復興に多大な資金を投入しなければならなかった。そのため、連帯分担金として所得税と法人税の増税も行われ、ドイツ全体として旧東ドイツ地区の復興のための重い負担を担うことになったのであった。

確かにドイツ統一が平和のうちに実現したことはドイツ人にとって大変

表 2 ：ドイツにおける難民庇護申請者数の推移(1953–2005)

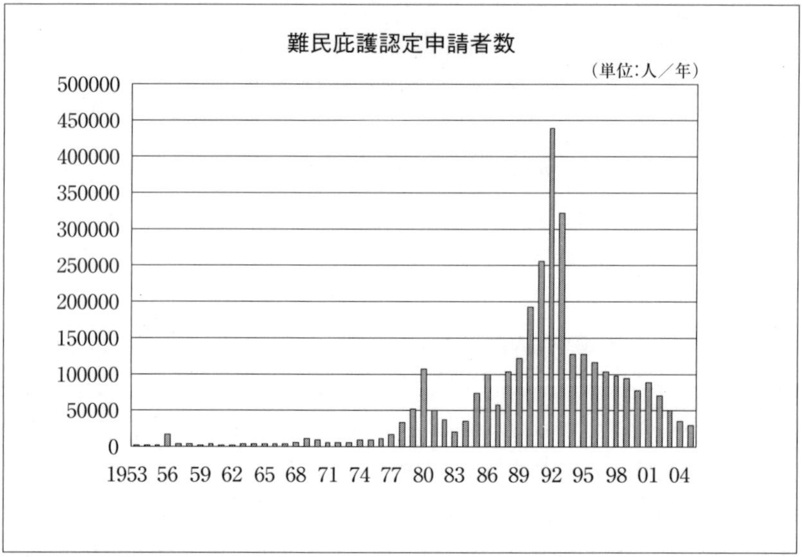

出所：Bundesamt für Migration und Flüchtlinge, *Migration, Asyl und Integration in Zahlen*, 14. Auflage, p. 21. より作成

な幸運であり、歓迎された。しかし、ドイツ統一による重い経済的負担が生じると同時に、大量の難民がドイツに押し寄せたことによって、寛容な難民政策を維持してきたドイツにも変化が生じることとなった。

4　基本法改正

1990 年代の前半は統一にともない、大きな変化がドイツの社会に押し寄せた時期であった。また統一を可能にするヨーロッパの環境を整えるため、EU を設立するマーストリヒト条約も 1992 年 2 月に調印された。EU 条約第 8 条において EU 市民権が導入されたため、EU 構成国の市民権を有する住民は、自国市民とほぼ同等の政治的な権利を獲得した。この EU 市民権の導入によって、EU 諸国からドイツに入国する市民は、EU 外国人として扱われるようになり、他の外国人とは別の規定が適用されるようになったのであった。

EU 市民とは対照的に、他の外国人、とりわけ難民として庇護申請をおこなう外国人に関して、1990 年代の初めには大きな議論が行われていた。既に言及したように、1990 年から 92 年にかけてドイツに流入した庇護申請者はかつて例のない数十万人規模の数となっており、その受け入れは財政的にも社会的にも限界に達していたのである。

さらに、1980 年代後半からは東欧諸国の自由化によって中世以来少数民族として東欧各地に居住していたドイツ系住民がソ連、ポーランド、ルーマニアなどからドイツに帰国し始めたことも、さらに社会的な負担を増加させていた。1987 年には 8 万人弱であった東欧からの移住者は、1988 年には 20 万人を超え、1989 年には約 38 万人、1990 年にはほぼ 40 万人となり、その後減少したものの、1990 年代前半には 20 万人を超えるドイツ系住民が移住してきたのであった(18)。これらドイツ系住民は 1990 年まではドイツに入国し国籍を取得するのはきわめて容易であったため、

(18)　Herbert, *op. cit.*, pp. 273 – 278.

豊かなドイツを目指して自由化された東欧・ソ連から多くの人々が移住してきたのであった。しかし数世紀にわたって東欧で暮らし、必ずしも十分なドイツ語の運用能力を持たないものも多く、生活習慣なども異なりこれら移住者の社会統合は決して容易ではなかった。

難民として庇護申請を提出したもののうち、審査の結果難民認定されたものの数は、1989 年では 5.0 %、1990 年では 4.4 %しかなかった。この数字は難民の流入を批判する勢力からすると、実際には難民として認定されない経済難民が全体の約 95 %をも占め、ドイツの制度を利用していると認識された。しかし、ドイツの難民認定基準には合致しないものの、1951 年の難民条約の規定からして国外退去をさせることはできない人々が、難民認定されなかった全体の半分以上を占めていた。そしてこれらの人々は、ドイツに引き続き滞在することが許容されていた(19)。

以上のような冷戦の終焉にともなう人の移動と、ドイツ国内における外国人の社会統合の問題などを背景として、1980 年代末から様々な形で議論されてきた外国人の滞在に関する法律「外国人法（Ausländergesetz)」が、ようやくドイツ統一直前の 1990 年に合意され、1991 年 1 月より施行された。この法律は 1965 年に制定された外国人の滞在に関する法律を改正するものであったが、外国人の家族呼び寄せや、国外退去などについて、この間の状況変化と外国人政策の行政や法的慣行を取り入れて、現状に合わせたものであった。より厳しい制限的な外国人政策を求める CDU とよりリベラルな外国人政策と社会統合政策を求める FDP の連立政権であるコール政権において、この二つの異なった外国人政策イメージの折衷として、現状追認的な改正が行われたのであった。このため 1990 年当時の激変する国際情勢への根本的な対応という点では、決して十分とは言えないものであった。

新しい法律の施行後も、あまりにも多数の難民が国内に流入したため、

---

(19)　Bade, *op. cit.*, pp. 65－66.

ドイツ各地で難民庇護申請者を対象とした暴力行為が多発し、政治もさらなる対応を迫られていた。既に言及したように、1980 年代から外国人問題を政治的に利用してきた極右勢力は次第に力をつけていたが、失業などで社会不満を抱く若者たちが外国人に対して暴力をふるったりする事件がドイツ統一後頻繁に見られるようになった。1991 年には東ドイツのホイヤースヴェルダで外国人襲撃事件がおき、ドイツ統一後のドイツの社会問題として注目されるようになった。旧東ドイツにはわずかなベトナムからの協定労働者を除けば、外国人労働者はほとんど存在していなかったが、統一後に失業したり、将来の展望をもてない若者たちの不満が外国人に向けられることが多くなっていった。1992 年 11 月には西独のシュレスヴィッヒ・ホルスタイン州の小さな町メルンでも、ネオナチの若者たちによってトルコ人家族の住居に放火され、死者が出る惨事が起きた。**表 3** に示されているように、1992 年と 1993 年は外国人に対する刑法犯の数も 6 千件を超えて、ピークに達していた。

表 3：外国人排斥的犯罪の件数推移(1991–1998)　(単位：年／件)

1991	1992	1993	1994	1995	1996	1997	1998
2426	6336	6721	3491	2468	2232	2953	2644

出所：Herbert, pp. 320 より作成

1991 年 6 月から 1993 年 7 月までのドイツの世論が最も重要と考える政治のテーマは、ドイツ統一でも雇用問題でもなく、外国人問題であった[20]。保守政党である CDU/CSU は比較的早期から基本法の改正を求めていたが、SPD も 1992 年秋には基本法第 16 条の改正を認めるべく政策変更を行った。1992 年 12 月に与野党間で第 16 条改正のための妥協が成立し、1993 年 5 月 26 日に基本法第 16 条は大幅に改正されたのであった。

改正の結果、かつての基本法第 16 条はドイツ国籍は剥奪され得ないこ

---

(20) Herbert, *op. cit.*, pp. 303.

とと、ドイツ人を外国に引き渡すことを禁じる内容のみとなり、かつて庇護権を規定した第2項は独立した第16a条に分離され、複雑な規定が置かれることとなった。第16a条1項は、政治的に迫害されているものは庇護権を有することを規定しているが、その対象が2項以下で限定されている。EU諸国や難民条約を締結している安全な第3国から入国したものは、庇護の対象から外されている。また法律によって、迫害がなく庇護権を認める必要のない国家を規定することが可能になっている。EU諸国以外と国境を接しないドイツに、これらの国々を経由せずに政治的に迫害されているとされる人々が入国することは困難であり、第16a条の規定は難民として庇護申請することのハードルを極めて高くした。この基本法改正の結果1994年以降の庇護申請者は激減していった。

もちろん、この第16条改正をめぐっては国内で激しい論争が行われた。ナチスの犯罪に対する贖罪から、第二次世界大戦後のドイツの人権に対する姿勢を明確に象徴していた第16条を削除しなかったものの、実際の運用面において、従来とは大きく異なる運用を行うことによって、ドイツの寛容な難民政策は転換することになったためである。これはまさに現実の難民問題の大きさが、理想的な憲法規定のあり方を変更させた点において、重要な意味を持つものである。

1994年以降、ドイツに流入する庇護申請者の数は確かに減少したが、この申請者の中でトルコ国籍を有する集団は、なお大きな比重を占めている。旧ユーゴスラビア地域の内戦を逃れてドイツに入国する人々が増加したこともあって、1990年代以降はトルコ人の数は庇護申請者の中でトップとなることはなくなっていった。しかし、クルド系住民の庇護申請者としての流入も、またトルコにおいて政治的に迫害されているとされる人々の流入が止まったわけでもなかった。既にドイツ国内において大きなトルコ系住民の集団が存在している上に、EUに加盟してはいないとしても、NATOや欧州審議会（CE）のメンバーでもあり、その意味においてヨーロッパの一員でもあるはずの民主国家トルコから、多くの庇護申請者がな

表4：国別庇護申請者(1995–2005)　　(単位：年／人数)

出身国	1995	1996	1997	1998	1999	2000	2001	2002	2003	2004	2005
セルビア・モンテネグロ	26227	18085	14789	34979	31451	11121	7758	6679	4909	3855	5522
トルコ	25514	23814	16840	11754	9065	8968	10869	6301	6301	4148	2958
うちクルド人	20877	19301	13791	9744	7643	7751	9245	5091	5091	3300	2422
割合（%）	81.8	81	81.9	83.2	84.3	86.4	85.1	80.8	80.8	79.6	81.9
イラク	6880	10842	14088	435	8662	11601	17167	3850	3850	1293	1983
うちクルド人			10017	4137	3398	3287	6759	1678	1678	690	1033
割合（%）			71.1	55.6	39.2	28.3	39.4	43.6	43.6	53.4	52.1

出所：Bundesamt für Migration und Flüchtlinge, *Migrationsbericht* 2005, p. 56より作成

おドイツに流入し続けていたのである。

5　国籍法改正と二重国籍

1993年の基本法改正を受けて、難民の流入には歯止めがかけられたが、ドイツ国内における外国人の社会統合の問題に関しては、さらに議論が進められていった。1960年代にガストアルバイターとして入国したトルコ人をはじめとする第一世代の人々はドイツに家族を呼び寄せ、子供たちはドイツ社会の中で成長して成人に達する年齢となっていたのである。

例えば、ドイツにおいて著名な政治家であるオズデミル（Cem Özdemir）は1965年にドイツ南西部のバーデン・ヴュルテンベルク州でトルコ移民の子供として生まれたが、州政界で活躍した後に、1994年には緑の党の議員としてドイツ連邦議会議員となっていた。1960年代生まれの第二世代はこのように1990年代には30代となり、経済分野を始めとして、ドイツ国籍を取得したものは政治の分野でも活躍するようになっていたのであった。

1980年代の始めには既にドイツでもアメリカの議論を念頭に置いて「多文化社会（Multikulturelle Gesellschaft）」としてのドイツという議論が

行われ、既に事実として多数の移民を抱えて事実上の移民国家となっているドイツの外国人問題をどのように扱うかについて、様々な議論がなされてきた(21)。しかし、長年にわたって国籍については血統主義を採用してきたドイツにとって、新たに異なった文化を持って市民となった人々との関係を再定義する作業は決して容易ではなかった。引き続き血統主義原則に基づき、ドイツ文化をドイツにおける主導的な文化として考え、そこに外国人を統合すべきであると考える人々と、多様な文化の共存を前提として、移民の受け入れに積極的な社会的にリベラルな考え方を持つ人々の間の議論はなかなか進まなかったのである。

このような状況は、1998年の連邦議会選挙の結果、1982年秋から16年にわたって続いたコール保守中道連立政権が退陣し、シュレーダー（Gerhard Schröder）を首相とするSPDと緑の党による連立政権が発足したことによって大きく変化した。CDU/CSUよりも従来から外国人政策に寛容な姿勢をとってきたSPDと、ドイツの既成政党の中では最も外国人政策にリベラルな政策をとる緑の党の連立によって、外国人政策は新たな展開を見せることとなったのである。

1998年のSPDと緑の党の連立合意文書は、第9章7条で外国人の社会統合問題を扱っているが、ここでは「われわれは過去に不可逆的な移民のプロセスが起きたことを認識し、われわれの憲法にうたわれた価値を信奉し、長期的にドイツに居住する移民の統合に力を入れる」と、移民がドイツ社会に大きな比重を占めるようになったこと、そしてこの外国人の統合の必要性を指摘している(22)。そして、具体的な方策として、ドイツで出生した外国人の子供は、両親のどちらかがドイツで出生したか、子供とし

---

(21) Herbert, *op. cit.*, pp. 322 – 323.

(22) Der Koalitionsvertrag zwischen der SPD und Bündnis 90/ Die Grünen, “Aufbruch und Erneuerung - Deutschlands Weg ins 21. Jahrhundert”, pp. 36 – 37, (http://www.oktober1998.spd-parteitag.de/politik/koalition/uebersicht.html).

て 14 歳までにドイツに入国していて、滞在許可を有する場合には、ドイツ国籍を獲得することが合意されている。さらに、成人の場合には 8 年以上のドイツでの合法的な居住などによってドイツ国籍の取得を可能にすることなどが合意されている。しかもドイツ国籍は、それまでの国籍を放棄することなく、取得することが可能であるとしていることは、きわめて重要である。このように二重国籍を許容することによって、ドイツ国籍の取得を容易にし、社会統合を進めることが合意されたのであった。さらに、EU の市民権を有しない外国人に対しても地方自治体の選挙権を付与することも、統合推進の方策として合意されていた。

それまでのドイツの国籍法は、1913 年に制定されたものであり、そこではドイツ国籍は両親のどちらかがドイツ国籍を有することによって子供が国籍を獲得するという血統主義原則が採用されていた。シュレーダー政権の連立合意文書はこの血統主義原則を放棄するものであり、ドイツの国籍法の大原則の転換を求めるものであった。さらに二重国籍を許容することによって外国人の統合を一層容易にしようとすることによって、シュレーダー政権は従来原則的に許容されなかった二重国籍を制度的に保証するという大きな一歩を踏み出そうとしていた(23)。そのため野党 CDU/CSU はこの政策にきわめて強い反対を示した。

CDU は与党の政策に反対するために、きわめて異例な行動をとった。この国籍法問題が議論されていた時点は、ちょうどヘッセン州の州議会選挙期間と重なっていた。1998 年冬から 1999 年の始めにかけて、選挙運動を利用して CDU はシュレーダー政権の二重国籍を許容する国籍法改正に反対を求める署名運動を展開したのであった。CDU は外国人の社会統合に反対したわけではなく、二重国籍について反対したのであったが、このような署名運動を大政党である CDU が実施すること自体きわめて異例であるし、議会による代議制をきわめて重視するドイツの政治文化において、選挙の期間中とはいえ、住民の感情に直接訴えかけ、法案に反対するための署名活動を行うことは、前例のないことであった。このためヘッセン州の州議会選挙はきわめて感情的なものとなっていった。

1999年2月の選挙結果はCDUの勝利となり、1991年からヘッセン州で政権を担当してきたSPDは政権を失った。この選挙は州レベルの選挙ではあったが、ヘッセン州がCDUの政権州となったことによって、連邦参議院の議席配分が大きく変わり、それまでSPDが主導する州が安定した過半数を占めていた連邦参議院において、SPDが過半数を失い、法案の成立にはCDUの協力が必要となった(24)。これによって、シュレーダー政権は連邦議会において多数を占めていても、連邦参議院の同意の必要な法案については、連邦参議院においてCDUの反対を受け、妥協をせまられることになってしまったのであった。

---

(23) 1997年11月6日に欧州審議会で「国籍に関する欧州条約」が採択され、その第5章には重国籍の規定が置かれている。ここでは子供が出生によって国籍を獲得した場合と婚姻によって自動的に国籍を獲得した場合に規約加盟国が重国籍を許容することを定めている。このようなヨーロッパ・レベルでの重国籍を許容する方向性が出ていたことも議論の背景として存在している。European Convention on Nationality, 06. 11. 1997 (http://conventions. coe. int/Treaty/en/Treaties/Html/166. htm). この条約は、1963年の「複数国籍の削減及び複数国籍者の兵役に関する条約 (“Übereinkommen über die Verringerung der Mehrstaatigkeit und über die Wehrpflicht von Mehrstaatern”)」(http://conventions. coe. int/Treaty/Commun/QueVoulezVous. asp?NT=043&CM=8&DF=9/11/04&CL=GER) と齟齬をきたすとの解釈から、ドイツは2002年にこの条約から脱退している。(http://conventions. coe. int/Treaty/Commun/ChercheSig. asp?NT=043&CM=8&DF=9/11/04&CL=GER)。このためドイツがこの「国籍に関する欧州条約」に署名したのは2002年、批准したのは2004年になってからであった。“Gesetz zu dem Europäischen Übereinkommen vom 6. November 1997 über die Staatsangehörigkeit”, (http://www. bmi. bund. de/cln_012/Internet/Content/Common/Anlagen/Themen/Staatsangehoerigkeit/DatenundFakten/Das_Gesetz_zu_dem_Europaeischen_en, templateId=raw, property=publicationFile. pdf/Das_Gesetz_zu_dem_Europaeischen_en. pdf).

(24) 連邦参議院を構成するドイツの諸州の連立の組み合わせデータは以下による。Friedrich Naumann Stiftung (http://www. fnst. org/webcom/show_article. php/_c-550/_nr-1/_lkm-948/i. html)

この結果、国籍法の改正にあたっても主にSPDとCDUの間で妥協が行われ、SPDと緑の党の当初の連立合意からは後退した新国籍法が合意されたのであった。2000年に発効した国籍法は、両親の一方が8年間合法的にドイツに滞在しているなど一定の条件の下に合法的にドイツに滞在していた場合には、自動的にその子供にドイツ国籍を付与するが、このようにしてドイツ国籍を獲得したものは、18歳から23歳までの間にドイツ国籍を保持し続けるか、他国籍を選択することを規定した。つまり、原則的に二重国籍は子供の時には許容されるが、成人になった場合には一つの国籍を選択するという規定である。また成人の場合にもドイツ国籍の取得はこの国籍法によって容易になっており、8年以上の合法的な滞在とドイツ語能力証明で国籍が認められる。しかし成人の場合には二重国籍は認められておらず、ドイツ国籍を選択すれば元の国籍を放棄しなければならない[25]。

IV 移住法とドイツの転換

2000年の国籍法の改正は、長年続いたドイツにおける外国人の地位に国籍の取得という点から出された一つの回答であった。血統主義原則を緩和し出生地主義を一部採用したことは、なお成人時の国籍選択が予定されているとはいえ、ドイツにおける外国人の地位に大きな影響を与えるものである。しかし、国籍法は既にドイツに入国している外国人にドイツ国籍を付与することを容易にしたのであって、新たにドイツに入ってくる外国人をどのようにコントロールするかについて規定したものではない。このため国籍法の改正後すぐに次のドイツへのヒトの出入りをめぐる議論が展開されることになったのである。

シリー内相（Otto Schilly）は元連邦議会議長ジュースムート（Rita

---

(25) Herbert, *op. cit.*, pp. 332－333.

Süssmuth）を委員長とする移住に関する超党派の諮問委員会「移住委員会」通称「ジュースムート委員会」を設置し、この報告書[26]に基づき、新しい法案を作成した。その後のSPDと緑の党の連立内での協議を経て2002年3月には連邦議会と連邦参議院において可決成立したが、法案に対する野党の反対は強く、CDUは連邦参議院において強い抵抗を示して、結果的に法案の成立は長期にわたって妨げられた。

この法案ではドイツ語で最も一般的に使用される「移民」（Einwanderung）ではなく、「移住」（Zuwanderung）が使用されている。実体には大きな違いはなく、一般用語としては混同して使用されることも多いが、保守派の意向もとり入れてあえて「移民」（Einwanderung）という語の使用が避けられている。

CDUは連邦参議院における採択の際に、SPDとCDUの大連立政権が政権を担っていたブランデンブルク州の投票時に、CDUのショーンボーム（Jörg Schönbohm）内相に移住法に反対を表明させた。このときSPDのシュトルペ（Manfred Stolpe）首相は賛成を表明したために、ブランデンブルク州の意見表明が分裂する結果となってしまった。連邦参議院においてブランデンブルク州は4票有しており、移住法の採決にはこの4票が決定的に重要な意味を持っていたが、基本法第51条3項の規定によって、州はこの票を一体として投票しなければならず、分割することはできない。このとき連邦参議院議長を務めていたベルリンのヴォーヴェライト市長（Klaus Wowereit）はSPDの所属であったため、SPDのシュトルペ首相の意見表明をブランデンブルク州の投票と見なし、移住法を連邦参議院において可決させた。しかしCDUはこのヴォーヴェライト議長の行動を問題

---

(26)　Bericht der Unabhängigen Kommission “Zuwanderung”, “Zuwanderung gestalten-Integration fördern”, 04. Juli 2001.（http://www. bmi. bund. de/cln_012 / nn _ 165090 / Internet / Content / Common / Anlagen / Themen / Zuwanderung / DatenundFakten / Zuwanderungsbericht_pdf, templateId = raw, property = publicationFile. pdf/Zuwanderungsbericht_pdf. pdf）

視し、連邦憲法裁判所に訴えた。連邦憲法裁判所は 2002 年 12 月の判決において、連邦参議院の採決に基本法に反する瑕疵があったことを認定し、移住法の連邦参議院における採決を無効とする判決を下したのであった(27)。

そもそも、このように連邦参議院の採決手続きが大きな問題となったのは、ブランデンブルク州で大連立を構成する SPD と CDU が、連邦レベルで移民政策をめぐって厳しく対立していたためであった。連邦参議院におけるブランデンブルク州の票の行方が、連邦の法の行方を左右することになったために、SPD の首相と CDU の内相が異なった意見表明をしてしまったのであった。しかし、ある一つの州の票の行方が連邦参議院の行方を左右することはしばしばあったが、連邦参議院において制度的に不可能な異なった意見表明を行ってしまう結果に至ったのは、この移住法案がきわめて注目度の高い重要な法案であったためである。従来の移住政策の枠組みを大きく変えて、ドイツを新たに移民国家として定義するか否か、どのように移民の統合政策を進めるかは、国民の注目の的であったのである。

このようなまれに見る紆余曲折を経て 2004 年に再度連邦議会と連邦参議院で可決された新しい移住法は、2005 年 1 月より発効した。このいわゆる移住法の正式名称は「移住の管理及び制限ならびに連合市民及び外国人の滞在及び統合規定に関する法律」(28) であり、正式には移民を前面に出すというニュアンスを有するものではない。しかし、従来の複雑な外国人のドイツでの外国人としての滞在のステータスを簡略化し、EU 市民の滞在も含めて外国人のドイツ国内での滞在と就労、さらに入国管理につい

---

(27) Bundesverfassungsgericht, 2 BvF 1 / 02, 18. 12. 2002, (http://www. bundesverfassungsgericht. de/entscheidungen/fs 20021218_2bvf 000102. html)

(28) "Gesetz zur Steuerung und Begrenzung der Zuwanderung und zur Regelung des Aufenthalts und der Integration von Unionsbürgern und Ausländern (Zuwanderungsgesetz)", Bundesgesetzblatt, 2004, Teil 1, Nr. 41 (http: / / www. zuwanderung. de / downloads / Zuwanderungsgesetz _ gesamt. pdf)

て包括的に規定している。この法律によって、いわばドイツへの入国の問題と国内での滞在と社会統合の問題が、はじめて一つのパッケージとして扱われるようになったと言えるものである。もちろんこの法律によっても、70年代から続いている外国人労働者の受け入れ停止の原則が転換されたわけではない。

これまで議論してきたように、近年のドイツにおける外国人問題のなかで大きな比重を占めている難民をめぐる議論にも、移住法によって一つの回答が出されている。人道的な観点からの難民の扱いに関して、難しい事例に関して各州で判断を行う委員会が設置され、特別な滞在許可を発効することが可能になっている。また難民認定審査の迅速化のための方策も規定されている。これらの規定によっても、もちろんさらに多くの難民を受け入れる方向に向かうわけではなく、時代の要請にあった形で合理的かつ迅速な解決策が目指されている。

移住法の一つの大きな特徴は、ドイツに新たにさまざまな形でやってきた移民に対してドイツ社会への統合を容易にするための「統合コース」を全国的に展開することが規定されていることである。「統合コース」では基礎的なドイツ語が教えられ、ドイツ語の知識がないが故にいつまでたってもドイツ社会にとけ込めず、社会生活に問題をきたす事例を少なくしようとするものである。

また、ドイツで庇護申請を行っていながら、同時にテロ活動やその他の犯罪、過激な宗教思想上の活動によって扇動をおこなうような外国人を、治安の観点から国外退去させるための規定も新たに設けられている。自国で迫害されているとしてドイツでの政治的保護を受けながら、テロや犯罪行為を行っているにもかかわらず、人権の観点から国外退去させることができず、国民感情に悪い影響を与えてきた事例が多数存在したが、新しい移住法では「9.11テロ」後の世界情勢もあって、ドイツ社会に危険を及ぼす可能性が高い場合には国外退去させることを従来よりも容易にする根拠が作られている。

この背景としては、例えば非常によく知られた「ケルンのカリフ」事件などがある。ドイツの難民認定を受けていながら、イスラム系の過激組織を代表し、対立する宗教指導者に対して殺人教唆を行ったなどとして有罪判決を受けていたカプラン（Metin Kaplan）は、ドイツでは「ケルンのカリフ」として 1990 年代末から知られていた。トルコ出身のカプランは、トルコでも国家反逆罪に問われていたため、ドイツに対して移送請求が出されたが、その後数年にわたってトルコへの移送をめぐる度重なる法廷闘争がなされた。最終的には 2004 年 10 月にカプランはトルコへ移送され服役することになったが、ドイツの法律によって有罪判決を受け、また自らが設立した団体が原理主義的団体として禁止されているにもかかわらず、なお本国に移送することが人道上の理由からなかなかできなかったことに対して大きな議論がなされたのであった(29)。

このカプランの事件では、トルコ人がドイツで難民認定を受けていながら、ドイツの法律に反するような過激集団を組織し、ドイツの民主主義と法治国家を悪用したこと、当時は国家反逆罪の最高刑が死刑であるなど、本国トルコの人権状況からして、ドイツから容易に移送することができなかったことが重要なポイントである。ドイツ基本法が死刑を禁じているために、死刑が予想される国には犯罪者を移送することができなかったのである。最終的にはトルコにおいて死刑ではなく無期懲役の判決となったため、移送が可能となった。

これまでドイツの外国人政策の歴史的な展開を議論しながら、ドイツにおけるトルコ人問題の背景を考察してきたが、最後にドイツ社会におけるトルコ系住民の現状について議論を進めていくこととしよう。

---

(29) *Süddeutsche Zeitung*, Nr. 238, 13. 10. 2004, S. 1.

V　ドイツ社会とトルコ系住民の現在

ドイツ最大の州であり、石炭と鉄鋼を中心とした工業地帯として戦後ドイツの経済を支え、60年代にガストアルバイターとしてのトルコ人をもっとも多く受け入れたノルトライン・ヴェストファーレン州のデュースブルク・エッセン大学に拠点をおくトルコ研究センターが長年にわたってノルトライン・ヴェストファーレン州の委託を受けて実施している調査によると[30]、トルコ系住民は、その3分の2が20年以上にわたってノルトライン・ヴェストファーレン州に居住している[31]。このうち、ガストアルバイターとしてドイツにやってきたトルコ出身の住民は、2005年にはわずか12.5％に過ぎない（**表5**）。もっとも多数を占めているのは、いわゆる家族の呼び寄せという形でドイツにやってきた妻と子供たちである。この集団が全体の約60％を占めるまでに至っている。また、ドイツで生まれたトルコ出身者の子供は全体の約25％になっている[32]。この調査によれば、社会的には常に大変大きな注目を集める難民は2005年には1％未満というわずかな数となっている。多くのトルコ出身者はすでに長年に

(30)　以下データはトルコ研究センターの調査「トルコ出身移民」2005年版による。Stiftung Zentrum für Türkeistudien（ZfT), Universität Duisburg-Essen, *Türkeistämmige Migranten in Nordrhein-Westfalen*, März 2006（http://www.zft-online. de/UserFiles/File/NRW% 202005-Bericht5. pdf).

(31)　この調査ではノルトライン・ヴェストファーレン州における結果であるが、旧西ドイツのほとんどの州で大差ない結果となると考えられる。1990年までわずかなベトナムからの労働者を除けばほぼ外国人のいなかった旧東ドイツ地区においては、異なった結果となるはずである。

(32)　トルコ研究センターの調査は国籍に関わりなくトルコからの移住者を対象としているが、ドイツ移民難民局のトルコ国籍者（176万人）のみの外国人登録者データでは、60万人（34.2％）がドイツで生まれている。ドイツに多く居住する外国籍者の集団で、ドイツ生まれの住民の比率が高いのは、国籍別では、トルコ、イタリア（29.9％）、ギリシャ（27.6％）である。

表5：移住の理由　(単位：年／%)

	1999	2000	2001	2002	2003	2004	2005
ガストアルバイター	17	13.9	18.5	19.7	15.7	12.7	12.5
難民庇護申請者	0.8	1.8	2.3	1.9	1.1	1.2	0.7
家族	57.9	57.1	52.2	51.9	55.5	55.9	59.5
勉学・職業教育	2.7	2.1	2.9	1.9	2	3.2	2.7
ドイツで生まれた	15.5	21.6	21.2	20.7	24.6	24.3	24.6
その他	1.9	2.8	1.5	3.2	1.1	2.8	0

わたってドイツに居住し、そこで生活しているのであって、現在では全体の約 53 %が第二世代、第三世代を構成しているのである。**表 6** が示すように、トルコへの帰国の意志がなおあるものは全体の 3 分の 1 弱となっており、引き続きドイツにとどまり続けたいと考えるものの方が圧倒的に多くなっている。

これらのドイツに居住するトルコ出身住民のなかでは、時間の経過とともに次第にドイツ国籍を取得するものも増加している。成人の全体の約 3 分の 1 がドイツ国籍を獲得しており、第二世代以降ではドイツ国籍を取得しているものの割合はほぼ半数にも及んでいる（**表 7**）。しかし、ドイツ国籍を今後獲得したいと考えるトルコ系住民の数が増加しているわけではなく、若干減少してもいる（**表 8**）。これは長期にドイツに滞在しているトルコ系住民のうち、ドイツ国籍を希望するものは次第に国籍を取得してきたので、残った住民の間では条件を満たしていても（**表 9**）国籍取得希望者の割合が少なくなっていくことによるものである[33]。

これらのトルコ系住民のアイデンティティーは複合的であることが、**表 10** を見るとわかる。トルコに帰属意識を有するものの割合が 2000 年を除

(33) ZfT, 2006, *op. cit.* p. 14.

表 6 ：帰国の意志　（単位：年／%）

	1999	2000	2001	2002	2003	2004	2005
ある	26.4	21.5	20.7	22.8	28.5	32.1	32.5
ない	63.1	60.1	69.6	63.5	61.9	56.9	59
わからない	9	17.9	9.5	13	9.5	11	8.4

表 7 ：国籍　（単位：年／%）

	1999	2000	2001	2002	2003	2004	2005
ドイツ	12.4	20.5	22.8	28.6	30.2	31	33.5
ドイツとトルコ	3.3	4	7.1	3.6	3.5	5.4	3.8
トルコ	81	74.9	69	65.6	66	63.1	62.7

表 8 ：国籍取得の意志　（単位：年／%）

	1999	2000	2001	2002	2003	2004	2005
申請済み	11.2	7.9	6.7	6.1	5	5.6	3.6
ある	25.3	30.1	26.6	22.4	26.6	21.6	11.7
申請する可能性もある	14.2	14.9	14.9	14.1	17.6	17.6	7.1
ない	50.3	44.8	44.8	53.9	50	54.6	77.2

くと常に最も高い。しかし両方の国に帰属意識を有するものの割合も常にかなりの割合を占めていることは重要であろう。トルコ系住民の中にはドイツにとけ込んでドイツ人アイデンティティーを有しているものの割合も 2 割から 3 割の間で存在している。

トルコとヨーロッパの関係を考えるとき、今日のトルコ共和国においては政教分離原則が貫徹されており、国家のイスラム色はないにもかかわらず、イスラムと EU の関係が常に問題とされる。ドイツに居住するトルコ系住民について調査の結果を見ると、やはり宗教は重要な役割をなお担っ

表9：国籍取得基準を満たしているか （単位：年／%）

	2000	2001	2002	2003	2004	2005
はい	77.1	78.7	64.1	59.6	75	60.9
いいえ	17.2	12.7	16.3	27.6	13.9	22.8
わからない	4.4	8.3	16.1	11.9	10.7	15.7

表10：故郷への帰属意識 （単位：年／%）

	1999	2000	2001	2002	2003	2004	2005
トルコ	41.4	31.7	35	36.6	38.5	39.2	40.7
ドイツ	22	21.1	31.9	27.3	31	30.9	22.9
両方の国	30.5	41.6	26.7	29.1	24	23.6	28.9
どちらの国でもない	4	4.7	5.1	5.5	5.3	5.8	7.2

表11：信仰心 （単位：年／%）

	2000	2001	2002	2003	2004	2005
とても篤い	7.8	7.2	10.9	18.1	21.7	22.1
比較的篤い	48.9	49.7	47.9	52.7	49.8	53.8
比較的篤くない	32.9	32.1	30.5	20.9	24.3	18.9
全く篤くない	7.4	8.4	8	5.6	3.8	5.1

ているようである（**表11**）。2005年の調査ではドイツに滞在するトルコ出身者の97％がイスラム教徒である。そして宗教心が篤い、どちらかといえば宗教心が篤いと答えている住民は全体の76％にも達している。2002年頃からどちらかといえば宗教に関心がないという住民の減少傾向が見られ、そのかわりにどちらかといえば宗教心が篤いと答える住民が増えている。[(34)]

---

(34) *Ibid.*, pp. 48－49.

以上のようなトルコ系住民の意識調査は、長年にわたってドイツに居住し、すでに第二世代にその活躍の軸が移りつつあるなかで、トルコ系住民がドイツ社会への統合とトルコのアイデンティティーの間で揺れる現状を示しているといえよう。

本章では、外国人集団の中で最も大きな集団としてのトルコ系住民を扱ってきたが、ことさらトルコ系住民が他の外国籍市民の集団と異なっているというわけではないことにも留意しておく必要があろう。現代のドイツではトルコ系住民の問題だけを他の外国籍市民の集団やドイツ国内の社会経済問題などから切り離して議論することはできないのである。

おわりに

本章ではドイツとトルコとの関係を、ドイツにおけるトルコからの移住者を中心として議論してきた。ドイツにおいて外国籍を有する住民の社会・経済的な存在は、非常に大きい。その中でもトルコ系住民の存在はひときわ大きい。そのために本章では、特にドイツにおける外国人政策を議論し、トルコとの関係を考察しようとしたのである。

本章で言及した「キューン覚書」が既に約30年も前に指摘したように、ドイツの社会は外国人の存在によって大きく変わった。ドイツの経済が1957年に署名されたローマ条約による経済統合によって大きく変わり、ヨーロッパに開かれていったのと同時期に、ドイツ社会は多数の外国人労働者を受け入れた。そしてこの労働者が国内にとどまり続け、家族を呼び寄せ、子供を育てていくうちに、ドイツ社会における重要な構成員となっていった。ヨーロッパの経済統合と労働力としてのヒトの移動による社会変容は、同時に進行していったのである。

しかし、このヒトの移動において最も数が多かったのは、ローマ条約に規定された経済共同体の構成国、現在のEU諸国の市民の移動ではなく、本書が議論の中心に据えたように、トルコからの移動であった。EU市民権によってカバーされない住民であるが故に、外国人としてのステータスから、社会統合の問題が生じるのである。そして本章で見たように、ドイツの外国人問題は、ガストアルバイターの受け入れが停止してから約20年を経て、まず難民庇護申請者との関係における基本法の改正、その後長い時間をかけて国籍法の改正、さらには移民法の制定と展開してきたのである。

EU にトルコが加盟できるか否か、という問いを考える場合には、EU 諸国におけるトルコ系住民を対等の権利を有する EU 市民として受け入れることが支持されるか否かという問題が、決定的に重要な問題となる。本章の外国人問題をめぐるドイツの議論を前提として、次章ではドイツ政府とトルコとの関係を中心に据えて、トルコの EU 加盟問題を検討していくこととする。

第4章
ドイツとEUの拡大──トルコ加盟問題を中心に

森井裕一

はじめに

トルコのEU加盟問題は、ドイツにおいて極めて難しい問題である。前章で見たように、国内には外国人集団として最大規模の約250万のトルコ系住民を抱えており、国内の社会問題とEUの拡大問題が密接に関連しているためである。

本章においては、ドイツ政府がこれまでEUの拡大にどのような姿勢で臨んできたか、その際にはどのような点が議論の対象となってきたのかをまず検討する。その後でドイツにおいてトルコのEU加盟問題がどのように扱われてきたか、他のEU拡大と比べてどのような類似点と相違点が存在しているのかを検討する。そして最後にメルケル政権におけるEU拡大交渉をめぐる政治的な議論について検討していくこととしよう。

I　EU拡大とドイツ

ドイツのヨーロッパ統合に対するコミットメントは、これまでもしばしば指摘されてきたように安定したものである。第二次世界大戦の廃墟から立ち直り、分割占領され東西に分断された状態の中から、再び国際社会のメンバーとしての地位を回復するためにはヨーロッパ統合の枠組は不可欠なものであった。ヨーロッパ統合の進化とEC/EU機関の制度的な発展について積極的な姿勢をとり続けてきたことについてはこれまでにも強調されてきたのでここで繰り返すことはしないが(1)、拡大についてもドイツは常に積極的な姿勢をとり続けてきたと言うことができる。

1　拡大とドイツの基本姿勢

冷戦によって分断国家として成立したドイツにとって、ヨーロッパ統合は西ヨーロッパにおける統合を意味した。東側の社会主義に対抗する意味において、自由と市場経済に基づく経済統合、すなわち西側統合（Westintegration）への積極的な参加は、ドイツにとっては極めて重要かつ決定的な決断であった。それは欧州石炭鉄鋼共同体（ECSC）に参加し、1955年には北大西洋条約機構（NATO）に参加したことによって、当時の厳しい冷戦環境の下では東西それぞれ別々の陣営に属する二つのドイツが、統一される可能性が限りなく低くなることを意味していたからである。東西ドイツの統一が実現した今日の視点からすれば想像しにくいことではあるが、当時は西側統合を選択してNATOとECSC、欧州経済共同体（EEC）の重要な一員となったことによって、対立する陣営に属する東ドイツとの統一はますます遠ざかっていったように考えられたし、東西ドイツ間の対話や関係正常化すら議論しにくい状況であった。この西側統合への参加という方針を決定したアデナウアー（Konrad Adenauer）政権においては、

---

(1)　ドイツのヨーロッパ統合に対する全般的に積極的な姿勢については、以下を参照のこと。森井裕一「ヨーロッパ統合の拡大・深化とドイツのヨーロッパ政策」『ドイツ研究』（日本ドイツ学会編）、第31号、2000年、16－30頁。森井裕一「ドイツ連邦共和国とEU」森井裕一編『国際関係の中の拡大EU』（信山社、2005年）155－181頁。

東ドイツ（ドイツ民主共和国）がソ連占領地区に存在することが事実としては認識されていても、法的にも政治的にもその存在を正式に認めることはなかったのである。

アデナウアー政権の時代は ECSC の設立にあたっても、またさらに EEC の設立にあたってもイギリスが参加を拒んだために、欧州統合をさらに拡大することは現実的ではなかった。当時の西欧では EEC を設立したドイツ、フランス、イタリア、オランダ、ベルギー、ルクセンブルクの他には、EEC に参加を希望する国は存在していなかったのである。スペイン、ポルトガルはその独裁的な政治体制の故に、加盟には民主主義が条件となっていた EEC に参加することはできなかったし、政治がなお不安定で経済的にも遅れていたギリシャも同様であった。政治体制や経済力の点から見て問題のなかった北欧諸国のノルウェーやデンマークは当時イギリスとの経済的な結びつきが強いこともあって、イギリスの加わらない経済統合へ参加することはなかったのである。冷戦環境の下では、中立政策をとるスイスやオーストリア、さらにスウェーデンも EEC に加盟することが政治的に問題視された。そしてこれら諸国はイギリスを中心として 1960 年に欧州自由貿易連合（EFTA）を設立したのであった[(2)]。EFTA は EEC のような超国家的な立法機能や強力な機関を有していない単なる自由貿易を促進するための合意に過ぎず、イギリスと EEC を構成した大陸の 6 カ国との間の経済統合を巡る考え方には大きな違いが存在していたのであった。

しかしイギリスは、EEC のめざましい発展とかつての植民地の多くが独立し、英連邦の経済的な比重が下がり始め、国内経済が困難な状況になると、1961 年 8 月には EEC への加盟申請をおこなった。これに対してアデナウアー政権は好意的な姿勢を示した。また当時 EEC 委員会委員長

(2) EFTA の原加盟国は、イギリス、デンマーク、ノルウェー、スウェーデン、スイス、オーストリア、ポルトガルの 7 ヵ国であった。

であったハルシュタイン（Walter Hallstein）もイギリスの加盟には賛成であった。ドイツにとってイギリスはアメリカ、フランスとならぶ戦勝国の一つであり、ドイツに駐留するイギリス軍（BAOR）はNATOにおいて東側からの脅威に対抗するための重要な役割を担っていたのである。このイギリスによる加盟申請（「第1次加盟申請」）はフランスのドゴール（Charles De Gaulle）大統領の反対によって実現しなかったが、ドイツ政府はフランスの決定に影響を及ぼすことはできなかった。フランスの反対のもっとも大きな理由はイギリスとアメリカとの間の極めて強い政治的な結びつきであったが、軍事的にはアメリカの保護の下に存在し得たドイツにとってこのことは何ら障害とはならなかったのである。

2　EECとトルコ

ドイツにとってフランスとの関係は極めて重要なものであることは確かであったが、独仏関係が無条件にすべてに優先されたわけではないことも忘れてはならない(3)。独仏友好協力条約（エリゼ条約）の批准にあたって、条約を批准するための批准法の前文には、対米関係とNATOによる安全保障の実現、国際組織と多角的枠組みを尊重し、独仏関係がそのための妨げとならないよう配慮することが明記されていたのである。当時の経済相エアハルト（Ludwig Erhard）に代表されるいわゆる「アトランティスト」は、ヨーロッパの枠組にとどまらない国際的な自由貿易の推進をめざし、対米関係を中心として国際経済の中で自由貿易を推進していく政策をとることが、ドイツ経済にとっては極めて重要であるとの認識をとっていた。対仏関係を極端に重視し、フランスのイメージに基づくEECの保護主義的な運用に対しては批判も多かったのである。ドイツにおいて国際的な自

(3)　独仏関係と欧州統合の関係の詳細については以下を参照のこと。森井裕一「ドイツとEU――EUにおける独仏関係（ドイツの視点）」田中俊郎・庄司克宏編『EU統合の軌跡とベクトル――トランスナショナルな政治社会秩序形成への模索』（慶應義塾大学出版会、2006年）217－240頁。

由貿易と対米関係重視派と対仏協調重視派の対立は「アトランティスト対ゴーリスト」論争と呼ばれた。当時のドイツ内政においては、「アトランティスト」は与野党内で多数を構成しており、アデナウアーに代表される親仏路線を優先する「ゴーリスト」はむしろ少数であった。そして「アトランティスト」のイメージからすれば、イギリスをはじめとして経済統合の領域を拡大していくことは自明のことであった。

エリゼ条約が調印された1963年にはトルコとEECの間で「連合協定(アンカラ協定)」が締結された。トルコは1959年にEECに対して連合協定の締結を要請していたが、アデナウアー政権はトルコとEECの関係の緊密化については積極的な姿勢をとっていた。「奇跡の経済復興」のさなかにあったドイツは労働力の不足問題を解消するためにEEC構成国のイタリアからも多くの労働者を受け入れていたが、さらに1961年10月30日にトルコの間で労働力に関する協定が締結され、トルコからの労働者の受け入れも開始されたのであった。戦後ドイツはアデナウアー首相のリーダーシップの下でトルコとの関係は常に良好であり、アンカラ協定の締結にあたっても積極的な支援が行われた。また当時EEC委員会委員長であったハルシュタインもトルコとの関係強化には積極的で、アンカラ協定の締結時の演説でもトルコはヨーロッパに属することを繰り返し強調し、アンカラ協定によってさらに関係が強化されることを高く評価していたのである(4)。

アンカラ協定は、第28条で、連合協定によって条件が整ったあかつきには、トルコのEEC加盟の可能性を検討することを規定している(5)。こ

(4) von Kyaw, Dietrich, “Grenzen der Erweiterung: Die Türkei ist ein Teil des “Projekts Europa”, *Internationale Politik*, Nr. 3, 2003, pp. 47 - 54.

(5) Agreement Establishing an Association Between the European Economic Community and Turkey (Signed at Ankara, 1 September 1963) (http://www.abgs.gov.tr/en/tur-eu_relations_dosyalar/legal_background_dosyalar/ankara_agreement.htm)

のような規定を可能にしたドイツのトルコに対する姿勢は、少なくとも経済状況が非常に悪化して労働力を受け入れられなくなった1970年代より前については、比較的に積極的であったと言うことができる。

3　ハーグ首脳会議と拡大

EECの拡大はフランスの決定によって妨げられたため、イギリスをはじめとしてアイルランド、デンマークの加盟交渉が可能になったのは、ドゴール大統領が引退し、1969年のハーグ首脳会議でECが拡大を一つの重要目標に設定してからであった。1969年9月の連邦議会選挙の結果、CDU/CSUとSPDの大連立政権は終わり、ECの拡大に慎重だったCDUのキージンガー（Kurt Georg Kiesinger）に代わって、ECの拡大により積極的なSPDのブラント（Willy Brandt）が首相の座についた。

ブラントは最初の施政方針演説において、まもなく予定されているハーグにおけるEC首脳会議で、拡大の必要性を強調し、イギリスをはじめとして加盟希望している諸国をECが迎え入れるべきであることを訴えた[(6)]。ハーグ首脳会議においては、ドゴール大統領の引退によってフランスがイギリスの加盟を拒否することがなくなったこともあって、ECの拡大が決定されたのであった。ブラント首相は東ドイツをはじめとして、社会主義圏の東欧諸国との関係の正常化を行った「東方政策」を展開したことで知られているが、ブラント首相は西側統合についても、前任者の首相たちと大きな見解の違いは持っていなかった。西側における堅い結束を前提として、東側諸国との関係の正常化を目指していたのである。

1973年にはイギリス、デンマーク、アイルランドのEC加盟が実現したが、同時期に南ヨーロッパ諸国では政権の民主化が始まっていた。ドイツではこれらギリシャ、スペイン、ポルトガルのEC加盟についても、議会内のすべての政党が賛成をし、拡大に支持が与えられていた。これは、

(6)　Deutscher Bundestag, *Plenarprotokoll*, 28. 10. 1969.

これら諸国の民主化と政治システムの安定化、そして経済的な発展のためにはEC加盟が不可欠であるとの考え方に基づくものであった。

南欧諸国へのECの拡大に対して政治的な支持を与えることはドイツにおいて異論はなかったが、しかし南への拡大に対して全く懸念や批判がなかったわけではない。トルコのEU加盟を巡る議論でもしばしば指摘されるように、EC/EU条約に規定されている労働力の自由移動という問題は国内の雇用に大きな影響を与えるため、社会的に注目される問題である。

1981年のギリシャ、1986年のスペインとポルトガルへの拡大においては、とりわけスペインの人口が大きいことや、かつてギリシャやポルトガルから多くのガストアルバイターがドイツにやってきていたこともあって、EC加盟によって大規模な労働力の移動がおき、社会経済的な混乱が起きることが懸念された。この懸念に対処するために、ギリシャには6年、スペインとポルトガルについては7年の移行期間が設けられ、この期間における労働力の自由移動は制限されたのであった。

II 冷戦後のEU拡大とドイツ

前節ではECの拡大について、ドイツにおいては政治的な議論が優先され、常に拡大を積極的に支持してきたことを歴史的に振り返った。EC/EUの拡大は、西欧の自由と民主主義、そして市場経済を広めることになるのであり、拡大したEC/EUはヨーロッパの安定に役立つ。そのようなヨーロッパを望むが故に、ドイツは積極的にEC/EUの拡大を支持するのである。しかし冷戦後の拡大については、統一による経済的負担にあえぎ、またグローバル化の進展に伴う国際経済の再編の影響を受けて、経済・雇用に関する懸念が大きな問題として登場する。特に労働力としてのヒトの移動が問題となっていくのである。

1　コール政権下の議論

冷戦後の1995年の拡大については、対象国がスウェーデン、フィンランド、オーストリアと所得水準が高く、労働力を輸出する国ではなかったために、労働者の自由移動は全く問題にならなかった。しかし、通常加盟問題としては扱われないものの、東西ドイツの統一は、西ドイツのシステムをそのまま維持し、東ドイツが西ドイツに加盟する形をとったために、ドイツ統一によって東ドイツ地区は自動的にEUにも加盟することになった。1990年の東西ドイツの統一にともなう旧東ドイツ地区からのヒトの移動は、とりわけドイツ社会には大きな影響を与えた。経済状況の格差から国内では旧東独地域から旧西独地域への大規模な人の移動がおきた。

東ドイツ同様に冷戦の終焉とともに体制転換した中東欧諸国のEU加盟について、コール政権は積極的に支持する姿勢を当初から維持していた。この背景にはハンガリーやチェコスロバキアが先行して自由化を進め、社会主義の東ドイツから逃れてきた人々を西ドイツに脱出させたことへの感謝などによる政治的な判断があった。もちろんドイツと歴史的にも極めて深い関係を有する諸国のEU加盟は、経済的な問題からすぐに実現できるものではないとしても、将来的には当然に実現されるべきものであった。

1993年にマーストリヒト条約（EU条約）が発効すると、ドイツではすぐにマーストリヒト条約の改正へ向けた議論が盛んになった。それはマーストリヒト条約の交渉過程では、冷戦の終焉とその直接の結果であるドイツ統一に対応するための経済通貨同盟や共通外交安全保障政策が短期間で規定されたが、EUを拡大するための準備は十分に規定されていなかったためである。ドイツにおいてはマーストリヒト条約の意志決定の枠組は1995年にスウェーデン、フィンランド、オーストリアが加盟して15カ国のEUとなることによってすでに限界に達しているのであるから、中東欧諸国を迎え入れ、さらに外交政策や司法内務協力分野における実効的で迅速な意志決定をEUとしておこなうためには、マーストリヒト条約を大幅に強化することが必要であると認識されていた。

拡大のためのEUの強化を巡ってドイツから出されたアイディアの中で、もっとも大きな影響を与えたものは「中核ヨーロッパ（Kerneuropa）構想」であるといえよう。コール政権与党のCDU議員団長のショイブレ（Wolfgang Schäuble）と外交部会長のラーマース（Karl Lamers）が発表したこのアイディアは、いくつかのEU構成国の反対によって、全会一致システムをとっていたのではEUとして行動できなくなってしまうという問題に対処するため、中核を構成する国々が先行してEUの政策を深化させていこうとするものである。独仏とベネルクスの国々のように、政治的な考え方にも大きな違いがなく、経済的にも同様な水準にある国々がEUの中核として、より進んだ政策統合を実現し、他の構成国が状況に応じてその政策を追っていくというものである。国境管理の撤廃を取り決めたシェンゲン協定は、EUとは別に政府間協力という形で希望する国々の間で結ばれた条約であるが、このような中核諸国による進んだ協力の仕組みを次第にEU全体に広めていくことによって、EUの政策が深化していくという考えに基づいていた(7)。この考え方は、1999年に発効したアムステルダム条約において「柔軟性原理」として、いくつかの政策分野に取り入れられた。しかし、実際にこの規定を運用するための敷居は非常に高かったので、現実的な成果はほとんどなかったといえよう。

2　シュレーダー政権の経済雇用政策と労働力の移動問題

1998年の連邦議会選挙の結果、1982年以来続いていたコール政権が退陣し、SPDと緑の党の連立によるシュレーダー（Gerhard Schröder）政権が誕生した。緑の党が連邦レベルにおいて政権与党となるのは結党以来初めてであった。緑の党のフィッシャー（Joschka Fischer）が外相となったが、シュレーダー政権においても対EU政策について変更はみられず、内

---

(7) “Überlegungen zur europäischen Politik: Positionspapier der CDU/CSU-Bundestagsfraktion vom 1. September 1994”, *Blätter für deutsche und internationale Politik*, Nr. 10, 1994, pp. 1271－1280.

政面ではコール政権との政策の違いが強調され、政策の刷新が全面に押し出されたのとは対照的であった。

EUの拡大に関する政策もコール政権から引き継がれ、既定路線に基づいて中東欧諸国への拡大交渉が進められた。しかし、シュレーダー首相は国内の労働市場に配慮して、中東欧諸国のEU加盟後7年間にわたって、労働力の自由移動を制限することを2000年12月に提唱した。国内経済の立て直し、とりわけ経済システムの改革によって雇用を拡大し、失業を減少させることが政権の最大の課題であったシュレーダー首相にとって、中東欧諸国からのEU市民としての安価な労働力の流入によって、ドイツ人の雇用に悪影響が生じることは重大な懸念であった。当時すでに東欧から不法滞在の形で流入し、統計上は補足されないものの実質的に労働力となっていた人々は多く存在していたが、これがさらにEUの拡大によって法的に認められるようになればドイツ人の雇用に悪影響が出ることが懸念されていた。

シュレーダー首相は2000年12月に5項目からなる労働力の自由移動制限の原則を提示し、EUでの議論に影響を与えた。この提案は、①労働力の自由移動を7年間制限すること、②新規加盟国によっては、5年後の再検討によって、この移行期間を短縮できること、③新規加盟国からの申し出に応じて、条件が満たされていれば制限を解除できること、④既存EU構成国の労働市場の要請に応じて、国ごとに移行期間中でも労働力の受け入れを認められること、⑤建設、作業労働などの分野でサービスの自由移動も移行期間中は制限すること、であった。シュレーダー首相はとりわけ国境地域の問題を指摘し、EU拡大の正当性を確保し市民の理解を得るためには、このような労働力の移動制限が不可欠であることをニース欧州理

(8) Regierungserklärung von Bundeskanzler Gerhard Schröder zu den Ergebnissen des Europäischen Rates in Nizza vor dem Deutschen Bundestag am 19. Januar 2001 (http://www.bundesregierung.de/Content/DE/Bulletin/2001/01/__Anlagen/nr-06-2250036,property=publicationFile.pdf).

事会後の連邦議会における施政方針演説においても訴えた[8]。その後のドイツ連邦議会のEU問題委員会の意見聴取においても、ドイツの被雇用者を代表するドイツ労働総同盟（DGB）の代表者は、国内の雇用情勢から7年から10年にわたる自由移動の制限期間が必要であると主張していた。これに対して産業側のドイツ産業連盟（BDI）代表者は、労働力の自由移動制限はシュレーダー首相が求めているほど長い期間に及ぶ必要性はないと主張した[9]。

最終的に2004年の12カ国のEU加盟にあたっては、移行期間が合計で最大7年、しかし2年、3年、2年という見直し期間経過ごとに制限の延長を行い、EU加盟国ごとに制限を行うか否かを決定できることとなった。2004年に拡大EUが実現した後も、ドイツはオーストリアと並んでもっとも強硬な労働力の移動制限を主張しつづけ、2006年には再度自由移動制限期間を延長した。また2007年のルーマニアとブルガリアの加盟にあたっても、ドイツは「2＋3＋2モデル」による労働力の移動制限を行っている。

3　1999年前半のEU議長国としてのドイツ

前節でも言及したように、1998年のコール政権からシュレーダー政権への移行でEU政策全般においては大きな変化は見られなかった。しかし特にトルコの加盟問題に関しては、コール政権とシュレーダー政権の間では政策の転換が見られたと言っても良いであろう。1997年11月にルクセンブルクで開催された臨時欧州理事会後の会見でコール首相は、トルコの加盟には人権やクルド人問題などさまざまな問題があり、トルコの改革が進められなければならないが、ドイツは将来トルコがEUに加盟すること

(9)　Deutscher Bundestag, *Blickpunkt*, 2 / 2001.（http://www. bundestag. de/ bp/ 2001/bp 0102/ 0102037 d. html）

を妨げるような政策はとらないと発言していた[10]。しかし、その翌月の欧州理事会においてトルコとの加盟候補国としての位置づけはなされず、その背後にドイツの消極的な姿勢があったとされたために、トルコとEUの関係は一時悪化した。コール政権のドイツは一般論としてトルコの加盟に否定的な姿勢を示していたわけではないが、具体的課題として扱うことは避け続けていたということができよう。

シュレーダー政権においても、発足時からトルコの加盟問題が大きく扱われていたわけではない。1998年10月に合意されたSPDと緑の党の間の連立合意においては、EUの拡大と深化を進めることについての言及はあるものの、トルコについての言及はなされていなかった[11]。しかしこの状況は、1999年前半にシュレーダー政権がEU理事会の議長国に就任してから次第に変化していく。そして1999年6月のケルン欧州理事会においては、議長国としてドイツはトルコの加盟問題を積極的に前進させようとした。最終的にケルン欧州理事会においてトルコを加盟候補国と位置づけることはなされず、この問題は次期議長国フィンランドにゆだねられたが、ケルンにおけるトルコ加盟問題の議論の方向性が重要な意味を持つこととなった。フィッシャー外相はドイツの議長国としての活動を総括した欧州議会における演説の中でトルコの加盟について次のように言及している。「過去半年の間には、残念ながらトルコのEUに対するステータスを本質的に改善することに成功しなかった。トルコを加盟候補国とし、他の加盟候補国と同様に同じコペンハーゲン基準によって評価するというド

---

(10) “Erklärung des deutschen Bundeskanzlers, Helmut Kohl, zum Abschluß des Sondergipfels des Europäischen Rates in Luxemburg am 21. November 1997”, Internationale Politik, 1 / 1998, pp. 111－113.

(11) “Aufbruch und Erneuerung - Deutschlands Weg ins 21. Jahrhundert: Koalitionsvereinbarung zwischen der Sozialdemokratischen Partei Deutschlands und BÜNDNIS 90/DIE GRÜNEN”, 20. Oktober 1998 (http://archiv. gruene-partei. de/gremien/rot-gruen/vertrag/down. htm)

イツの提案は、ケルンにおいてはまだコンセンサスを得ることはできなかった。しかし、この問題はアジェンダとして残っている。重要なことは、トルコがコペンハーゲン基準の実現に向けたロードマップを作成することである。その実現が加盟交渉の開始には不可欠であろう。(12)」

1999年前半には、コソボ紛争を巡るNATOによる空爆、汚職問題によるサンテール（Jacques Santer）欧州委員会の辞職、EUの長期予算枠組を決定した「アジェンダ2000」の採択、共通安全保障防衛政策（ESDP）構築へ向けた合意など、EUをめぐる重要な展開が見られた。「アジェンダ2000」でEUの拡大を睨んだ財政的な枠組が合意されたことによって、拡大の実現に向けてEUが準備をさらに整えたといえるが、トルコの加盟問題もこの時に動き始めたのであった。

4　民主主義と地域的安定をめぐる議論

フィッシャー外相は10月のタンペレ欧州理事会後にも同様にトルコの加盟候補国としての位置づけに重要な意味があることを連邦議会で次のように強調している。「タンペレにおいてトルコの加盟候補国としての地位を巡る意見の違いはさらに小さくなった。これは同様に連邦政府の懸案であった。トルコとの加盟交渉はトルコが他の加盟候補国同様にコペンハーゲンの政治基準を満たした場合にのみ開始され得るということを、私はここで再度強調しておきたい。トルコの特例法は存在していないし、EU加盟をめざす全ての候補国に基準は適用される。シュレーダー首相とエジェヴィット首相の書簡の交換で示されているように、トルコも加盟基準からどれほど隔たっているかをよく認識している。私たちにとっては、EUがトルコを孤立から救い出し、緊張を緩和する展望を開くことが、決定的に

(12) “Rede des Bundesministers des Auswärtigen und EU-Ratsvorsitzenden, Joschka Fischer, zum Ende der deutschen Ratspräsidentschaft in der Europäischen Union vor dem Europäischen Parlament am 21. Juli 1999 in Straßburg”, *Internationale Politik*, November 1999, pp. 86－90.

重要なことである。いろいろな批判があるにもかかわらず、今日すでに新しいトルコ政策との関連でトルコ・ギリシャ関係は決定的に改善する方向に向かっている。これが新しい政策の最初の肯定的な結果であるが、トルコが孤立に追い込まれた3年間は建設的な政策とは反対の結果をもたらした。EUがトルコに、民主主義、人権、少数者の保護、国内の改革を促進する展望を開くことが我々にとっては決定的に重要なことなのである。[13]」

フィッシャー外相とドイツ政府の対トルコ政策の積極化の理由について、ドイツにおけるトルコ研究で知られるセンは、次のような二つの理由をあげている。第一はドイツにおけるトルコ系移民の大きさであり、2000年までにドイツ国籍を獲得したトルコ人は50万人に上るが、1999年のみで10万3千9百人ものトルコ人がドイツ国籍を獲得した[14]。前章で見たように、1999年には新しい国籍法の議論がおこなわれており、ドイツ政治にとってトルコ系市民をどのように社会統合するかが激しい議論の対象となっていた。社会的な寛容と外国人の社会統合を全面に押し出していたSPDと緑の党の政策からすれば、このような社会的要因が背景にあることは十分に説得力のあることである。

第二の理由として、センはバルカン情勢など地政学的理由をあげている。コソボやボスニアとオスマン帝国の後継国としてのトルコとの歴史的な関係と現在の地域大国としてのトルコが重要な役割を果たしている。さらにコーカサス地方においても同じことが当てはまる。これらの理由からEU

---

(13) "Erklärung von Bundesaußenminister Joschka Fischer zu den Ergebnissen der Sondertagung des Europäischen Rates in Tampere am 15./16. Oktober 1999, abgegeben vor dem Deutschen Bundestag am 28. Oktober 1999 in Berlin", Internationale Politik, November 1999, pp. 122－126.

(14) Sen, Faruk, "Die Türkei zu Beginn der EU-Beitrittspartnerschaft: Politik, Wirtschaft und Gesellschaft im Wandel", *Aus Politik und Zeitgeschichte*, B 13－14, 2001.

は外交安全保障政策の観点からもトルコを重視しているとしている。そしてフィッシャー外相が1999年12月に連邦議会で「コーカサスにおいても中央アジアにおいてもトルコの安定性は重要な役割を果たすであろう。しかしその安定性は今日トルコの軍事能力に依存しているのではなく、トルコの国家とその民主主義の内的な安定性に依存している」と発言したことを指摘し、トルコが地域を安定化させる国として地政学的に重視されていることをあげている(15)。こうしてシュレーダー政権下では、トルコをEUに加盟させることによって、トルコの民主化をさらに進め、その安定したトルコによって周辺地域の政治的な安定性を高めるという考え方が強調されるようになっていった。

1999年12月のヘルシンキ欧州理事会はトルコに加盟候補国の地位を認め、大きな転換点となった。シュレーダー首相は欧州理事会の連邦議会での発言でトルコが加盟候補国の地位を獲得したことを評価し、トルコがイスラーム原理主義に向かうのではなく、ヨーロッパに向かうことには重要な意義があると強調している。また、EUはキリスト教世界のクラブではなく、法、民主主義、寛容、人道、連帯を尊重する価値共同体であるとし、これらの基本原則を尊重するのみならず、それらを実現するトルコは、EUの構成国として歓迎されるはずであり、宗教上の理由で構成国となることを排除されることはない、と発言した(16)。

1999年はトルコのEU加盟問題を考える上で大きな転換点であるが、ドイツにおいてもSPDと緑の党からなる連立政権が積極的なトルコ加盟支持政策を展開したことによって、議論が大きく前進した年であったと言えよう。

---

(15) *Ibid.*

(16) "Regierungserklärung des deutschen Bundeskanzlers, Gerhard Schröder, zu den Ergebnissen des Europäischen Rates von Helsinki vor dem Deutschen Bundestag am 16. Dezember 1999", *Internationale Politik*, Februar 2000, pp. 110 – 114.

III　トルコ加盟をめぐる国内論争

トルコのEU加盟候補国としての地位が認められた後に、ドイツ国内ではその賛否をめぐって極めて多くの議論がなされた。以下で紹介するように、2002年から2003年までの期間に新聞紙上などで行われたトルコ加盟をめぐる議論を賛否両論とも包括的にまとめ、ドイツのトルコ加盟問題の言説に関する優れた資料を提供しているレゲヴィーの指摘するように、議論は内政によって特徴づけられたテーマとなっていた[17]。

1　主要政党の姿勢

CDUの姉妹政党で保守的な南部のバイエルン州のみで活動するCSUはトルコのEU加盟にもっとも強く反対を表明した。レゲヴィーはCDUの中で伝統的にトルコを支持してきた声が次第に弱くなり、CDUがCSUの立場に近くなっていったことを指摘している。CDUは前項でも触れたように、政権与党であった間はアデナウアー政権からコール政権までトルコのEU加盟の可能性について決して強く否定的な政策をとっていたわけではなく、むしろ比較的に好意的な姿勢を示していた。しかしこの時期には野党となっていたこともあり、国籍法の改正や移住法の制定などといった国民の関心を強く引く問題でシュレーダー政権との違いを打ち出すべく、次第にトルコのEU加盟に慎重な姿勢をしめる声が優勢になっていったと言えよう。2002年末にはCDUの外交問題部会長であったショイブレが、EUがあまりにも拡大すると凝集性を失うことになり、トルコのEU加盟は本当に意義があることか、特権的パートナーシップの方が利益になり得るという可能性についてもトルコとオープンに話し合うべきではないかと

---

(17)　Leggewie, Claus, "Die deutsche Haltung zum Beitrittsbegehren der Türkei", pp. 197－203, in: Leggewie, Claus (Hrsg.), *Die Türkei und Europa: Die Positionen*, Suhrkamp, Frankfurt am Main, 2004.

意見を表明している(18)。

与党SPDと緑の党のほとんどの議員たちは政府の政策と軌を一にしていたが、SPDに近い知識人やメディアの中にはトルコのEU加盟に反対を表明するものも少なからずいた。逆に、通常はCDUに近い立場の人々の中でもトルコの加盟を支持する者もおり、社会全体の議論は必ずしも政党色で賛否がはっきりと区別できるものではなくなっていた。そのような状況の中で特に大きな反響を呼んだのは、SPDのシュミット元首相が、はっきりとトルコのEU加盟に反対を表明したことであった。1970年代にフランスの大統領をつとめ、シュミットと政治的な盟友で当時の緊密な独仏関係を演出し、EU憲法制定諮問会議の議長を務めていたジスカールデスタン（Valéry Giscard d'Estaing）元大統領が2002年11月にトルコのEU加盟に反対を表明し注目されていたが、シュミット元首相は同様にトルコのEU加盟に極めて批判的な意見表明を行った。シュミットはEU構成国の首脳がトルコに加盟候補国の地位を与えた背景にはアメリカによる強い圧力があったのであり、実際には実現できないような条件をトルコに対して用意しているのであって、裏表のある対応をしていると批判している。トルコはギリシャやブルガリアとの間よりも長い国境をイラクやシリア、イランと接していることや、クルド人問題、非民主的な軍の存在などを指摘した上で、ドイツにとってはトルコとその周辺の経済発展と安定は重要であるが、そのためには1970年代のシュミット政権がしたように財政支援や連合協定の強化が望ましいと主張する。そして、トルコがEUに加盟してヒトの自由移動が可能になることが大きな問題であるとし、さらにアフリカや中東のイスラーム諸国にEU加盟の道を開くことになるという問題点を指摘している。そして、EUは政治同盟から単なる自由貿易地域になってしまうおそれがあるとして、トルコのEU加盟に反対してい

---

(18) *Ibid.*, S. 198.

る[19]。

「9.11テロ」後、ドイツはテロとの戦いに参加し、アフガニスタンにも連邦軍を派遣していた。シュトゥルック（Peter Struck）国防相がドイツの安全保障はヒンドゥクシュで守られる、と発言したことがよく象徴しているように、この時期までにはドイツの安全保障観は大きく展開していた。シュトゥルック国防相は2002年12月の記者会見で連邦軍改革のコンセプトを発表し、「連邦共和国の安全保障はヒンドゥクシュにおいても守られる」と発言した。これはアフガニスタン北部でドイツ連邦軍がISAFの枠組み内で駐留するヒンドゥクシュ地方の治安維持と安定化がドイツの安全保障に結びついており、かつての自国の領土を防衛する領域防衛の考え方では、将来の連邦軍の役割を議論するには十分ではないということを象徴的に示す発言である。もちろん、「ヒンドゥクシュにおいても」安全保障が守られるのであって領域防衛が不要であると言っているわけではないが、アフガニスタンで政治的な安定を回復し、テロとの戦いに成果を上げることがドイツの安全保障を促進するという考え方である[20]。

従来の領域防衛、つまりドイツの国土を外国の侵略から守るという安全保障観は、冷戦の終焉とともに時代遅れとなった。EUの中にもはや敵は想定できず、ロシアをはじめとする隣接諸国からの脅威ももはや認識されなくなったためであった。ドイツの安全保障を脅かすのは、国家による脅威ではなく、テロや大量破壊兵器の拡散など国際的な不安定要因によるも

---

(19)　Schmidt, Helmut, “Sind die Türken Europäer? Nein, sie passen nicht dazu”, pp. 162－166, in: Leggewie（Hrsg.）*op. cit.* 同様にトルコのEU加盟に批判的な議論を展開していたフンボルト大学の著名な歴史家ヴィンクラーの議論も参照のこと。Winkler, Heinrich August, “Grenzen der Erweiterung”: Die Türkei ist kein Teil des “Projekts Europa”, *Internationale Politik*, Februar 2003, pp. 59－66.

(20)　“Erklärung des deutschen Verteidigungsministers, Peter Struck, anlässlich der Pressekonferenz zur weiteren Bundeswehrreform am 21. Februar 2003 in Berlin”, *Internationale Politik*, März 2003, pp. 122－125.

のであるとの認識がこの時期には共通認識となっていったのである。このような安全保障認識の文脈においては、もちろんトルコの安定とトルコによるその周辺地域の安定の強化は、非常に重要な意味を有するものであったといえよう。もちろんトルコは、NATOの構成国として既に軍事戦略的には重要な役割を担っていたが、EUの加盟に向けて国内における人権の尊重、民主主義の強化が進むことによってトルコがより安定した社会を築いていくことがこの地域の安定に不可欠であると考えられていたのであった。このような単に国家間の軍事力のバランスによる地域の安定ではなく、その地域の国家の民主化の促進による地域の安定を強化していこうとする考え方は、2003年に出されたEUの「安全保障戦略（ソラナペーパー）[(21)]」でもはっきりと見られるのである。

トルコとの加盟交渉開始を決定した欧州理事会の前日の2004年12月16日に、ドイツ連邦議会ではトルコ加盟をめぐる審議がおこなわれた。当時野党の代表であったメルケル（Angela Merkel）CDU党首はトルコのEU加盟に反対し、加盟でも加盟拒否でもなく、トルコとの特殊な関係を構築する第3の道を主張した。EUがすでに市場統合の域を大きく超えて内務政策、市民権、基本権などまであつかう包括的な存在になっていることを前提として、地理、アイデンティティー、政治経済構造などが特殊なトルコの加盟はEUの最終形態に大きな影響を与えるものであるので、慎重に対処しなければならないことを強調している。トルコに拷問が存在し、宗教の自由がない現状では、コペンハーゲン基準を満たすことはできないということを見落としていてはトルコのためにはならないと言う。CDUの主張する「特権的パートナーシップ」はトルコに対する加盟拒否を意味するのではなく、トルコとEUとの最も緊密で唯一無比の関係を想定する概念であって、与党の言うように長年にわたる加盟交渉の後に、加盟か拒

(21) 翻訳は以下を参照のこと。小林正英（2005）「EU安全保障戦略」『慶應法学』第2号237－257頁。

否か、あれかこれかの二者択一を決めるよりも、現実的な優れた対応であることを強調している[22]。

このような野党CDUの主張に対して与党SPDのミュンテフェーリング（Franz Müntefering）党首は、メルケルCDU党首の言う「特権的パートナーシップ」概念の内容がまったく不明瞭であることを指摘した。その上で、トルコとの加盟交渉は確かに非常に困難なものになることが予想され、2014年以前の早期の加盟はあり得ないことを指摘しながらも、しかしそれでもトルコには加盟に向けて努力する機会を与えるべきであり、EUは加盟の道を閉ざすべきでないと主張した。さらに政府を代表してフィッシャー外相はCDUの言う「特権的パートナーシップ」は実際にはすでにトルコとの間に存在しているのであって、意味がないと主張した。つまり、ヨーロッパ憲法条約の起草にあたってトルコの政府代表も議会代表も参加していたし、EUの重要な機関にはオブザーバーとして既に参加しており、関税同盟も実現しているために、既にEU・トルコ関係は特別な関係になっているというのである。そして現時点で加盟交渉ではなく「特権的パートナーシップ」を提示することは、トルコによって加盟を拒否されたと認識されることになり、加盟に向けて包括的な近代化を進めているトルコにとって、きわめて重大な否定的効果をもたらすことになると指摘する。議論されているのは加盟交渉の開始であって、15年もかかるかもしれず、その結果は自動的に加盟となることが決まったわけではないプロセスを最初から否定するようなことはできないと主張した[23]。

2　2005年連邦議会選挙

以上のような議論が続く中で、2005年秋にドイツでは連邦議会選挙が

(22) Deutscher Bundestag, *Plenarprotokoll*, 15/ 148. さらに、森井裕一「グローバル化の中のドイツ外交」木畑洋一編『ヨーロッパ統合と国際関係』（日本経済評論社、2005年）243－267頁。

(23) *Ibid.*

おこなわれることとなった。2002 年の連邦議会選挙は、選挙戦の最中にイラクへのアメリカの軍事介入に対してシュレーダー政権がはっきりと否定的な姿勢を示したことから、選挙では雇用・経済政策と並んで、イラク問題が重要な争点となった(24)。これに対して 2005 年の選挙では、引き続き雇用・経済が重要な争点であることに変わりはなかったが(25)、2004 年 5 月に中東欧諸国を始めとして 10 カ国が EU に加盟し、さらに 10 月には EU 委員会がトルコとの加盟交渉開始を認める報告書を提出し、これが 12 月の欧州理事会によって承認されてトルコとの加盟交渉が 2005 年 10 月から開始されることが決まったことから、トルコとの加盟交渉開始問題も重要なテーマとなっていた。

2005 年の連邦議会選挙へ向けた各党の選挙公約においても、各党の基本的な姿勢は変化しなかった。CDU/CSU は「我々はトルコとの特権的パートナーシップ構築に向けて努力する。我々は完全加盟を拒否する。なぜならばそれによって EU の統合能力に過大な負担をかけるためである。非現実的な加盟の展望ではなく、特権的パートナーシップによって、我々は NATO によって安全保障政策上緊密に結ばれているトルコの民主的、法治主義的、経済的な発展を力の限り推進する」(26) と訴えていた。これとは対照的に SPD の公約では CDU/CSU がシュレーダー政権のとってきた加盟をめぐる政策を変更しようとしていることを意識して次のような記述が見られた。「我々は信頼することのできるヨーロッパを望む。EU の拡大政策はその中核においては常に平和政策であった。拡大に関する全ての

(24) 2002 年の連邦議会選挙の争点と政治的な意味については以下を参照のこと。森井裕一「2002 年ドイツ連邦議会選挙と政治動向」『ヨーロッパ研究』第 2 号（2003 年）50－63 頁。

(25) 連邦議会の選挙は原則的に 4 年毎であり、解散は極めて例外的な状況のみに連邦大統領によって認められるが、シュレーダー首相は 2004 年 5 月のノルトライン・ヴェストファーレン州議会選挙で SDP が敗北し、連邦参議院の議席の 3 分の 2 を野党 CDU に支配されて、連邦議会ではなお多数を有していても立法が困難になったことから、連邦議会を解散する戦略をとった。

条約と約束が守られて初めて、ヨーロッパは平和と安定の地域であり続けられるのである。我々のヨーロッパのパートナーを不安にし、25の構成国が全会一致で合意した条約を疑問視する者は、ヨーロッパに平和に対するリスクを引き起こす。加盟条約が既に批准過程にあるブルガリアとルーマニアに対して、また2005年10月3日に条件を満たした後には長年にわたる加盟交渉が開始されるトルコに対して約束を反故にすることを我々は強く拒否する。」[(27)] シュレーダー政権においてSPDと連立政権を組んできた緑の党も、トルコの国内の様々な問題と改革の必要性を指摘しながらも、加盟交渉を行うことを次のように選挙公約に含め、厳しくCDU/CSUを批判している。「我々はトルコが近代的で民主的な国家になることを希望する。トルコの市民社会が、アルメニア問題のような自らの歴史の暗い歴史の章と取り組もうとしていることを歓迎し、支援する。我々はトルコにおいて市民権、女性の権利、エスニック少数集団ならびに宗教および特定の世界観を共有する集団が尊重されることを希望する。我々は長年にわたる加盟交渉の開始によって、トルコにおける民主的な近代化の道をさらに促進したいと望んでいる。トルコのヨーロッパへの道は、ヨーロッパおよび世界における安全保障への貢献でもある。CDUとCSUと全ての大衆扇動主義者たちは既存の反感を掻き立て、それをトルコとの交渉を妨害するために利用している。人権と民主主義の問題において我々には妥協はあり得ない。」[(28)]

CDU/CSUと連立政権を構成する可能性のあるFDPは、必ずしも

(26) Bundesvorstand der CDU und des Parteivorstands der CSU, "Deutschlands Chancen nutzen. Wachstum. Arbeit. Sicherheit. Regierungsprogramm 2005–2009", 11. Juli 2005, p. 32.

(27) SPD-Parteivorstand, "Vertrauen in Deutschland. Das Wahlmanifest der SPD", pp. 60–61.

(28) BÜNDNIS 90/DIE GRÜNEN, "Eines für Alle: Das Grüne Wahlprogramm 2005", p. 120.

CDU/CSU ほどにはトルコの加盟には否定的ではないが、慎重に加盟交渉の行方を見守る姿勢を次のように示していた。「トルコについては 2005 年 10 月に開始され、10 年以上にわたって継続する加盟交渉の他の選択肢が同時に考慮されなければならない。トルコとの加盟交渉はつまり、結果がオープンな形で行われなければならない。交渉の終わりに近づいて初めてトルコが「アキ・コミュノテール」を完全に履行できるかどうか、そして EU が大きな国をさらに構成国として受け入れることが可能かどうか、評価が可能になる。なぜならばトルコが次の 10 年の終わりまでに「アキ・コミュノテール」を完全に履行し、それに伴う主権の放棄を受け入れるかどうかは定かではないし、また EU がそれまでに過剰拡張になったり、能力を超過する危険を冒したりせずに、この巨大で多様な国家を受け入れるために、必要とする能力を再び獲得しているかどうかは定かではないためである。」(29)

どの政党からも連立の可能性がないと拒否されていたものの、2005 年の選挙前に旧共産党系の PDS と SPD を離脱した左派が結成した左派党は、トルコの加盟交渉をめぐっては SPD や緑の党と同じ立場をとっていた。公約では緑の党同様にトルコの民主化と人権の強化を次のように求めていた。「左派党・PDS はトルコの EU 加盟に反対する CDU/CSU の右派大衆迎合主義とナショナリスティックなキャンペーンに反対する。我々は遅滞なく加盟交渉を開始し、全ての社会、経済、民主主義の問題を客観的かつ協力的に議論することを求める。左派党・PDS は人権が保障され、少数者が尊重され、法治国家的・社会的改革が実現し、クルド系住民に対して民主的かつ平和的な道が開かれるようなトルコは、トルコにとってもヨーロッパにとっても重要であると確信している。このような姿勢はトルコの民主的野党の立場とも、ドイツにおける多くの移民の立場とも一致し

(29) FDP, "Arbeit hat Vorfahrt: Deutschlandprogramm 2005", pp. 46 – 47.

ているものである。」[30]

以上のようなトルコのEU加盟問題をめぐる議論は確かに選挙期間中には重要な争点であったが、選挙の結果誕生した新政権の政策が大きく従来の政策から変わることはなかった。それは選挙の結果、CDU/CSUとSPDの票が拮抗し、しかも従来ドイツ政治において常に重要な役割を果たしてきた連立のジュニアパートナーとなる緑の党とFDPの議席数が、大きな政党と組んでも安定した政権を構成できる数に至らなかったためであった。CDU/CSUとFDPの連立組み合わせも、SPDと緑の党の組み合わせも議会内で多数を構成することができなかった。これはCDU/CSUもSPDも連立を組むことを強く拒否する左派党が議会に登場したこともよるものである。CDU/CSU、FDP、緑の党の連立の可能性なども議論されたが、CDU/CSUとSPDは協議の結果安定した大連立政権を構成することで合意した。

IV　メルケル政権とドイツ・トルコ関係

2005年11月にCDU/CSUとSPDによる長い連立交渉の結果成立したメルケル大連立政権の政策は、大連立政権であるが故に脱原子力発電政策を始めとしてシュレーダー政権の政策の継続性が見られる部分も多い。トルコのEU加盟問題についても同様である。以下ではまず大連立政権の政権合意を検討した上で、メルケル政権の対トルコ政策を分析していくこととしよう。

1　大連立政権と政権合意

2005年10月3日にEUはトルコとの加盟交渉を正式に開始した。この時点では連邦議会選挙の結果からまだどのような連立政権が構成されるか

(30)　Die Linke. PDS, “Wahlprogramm zu den Bundestagswahlen 2005”, pp. 32.

は明らかではなかった。シュレーダー首相は、なお自らが引き続き政権を担当するものと考えていた。連立交渉の結果、最終的にはCDUから首相を出すこととなり、シュレーダー首相は政界から引退した。CDU/CSUとSPDの連立合意では、トルコとの加盟交渉については次のように規定されている。「ドイツはトルコとの相互関係の深化とトルコをEUに結びつけることに特別の利害を有している。2005年10月3日に開始された加盟を目指した交渉は、オープンな結末を有するプロセスであり、自動的加盟の根拠にもならず、また結末も最初から保証されるものではない。このプロセスは経済、人口動態、文化に特に大きな挑戦を突きつけるものである。そのため我々はトルコで開始されている改革の努力を歓迎する。我々はNATOによって緊密に結ばれているトルコにおける民主主義、法治主義、経済の発展を全力で推進する。加盟交渉権限と9月21日の欧州共同体とその構成国の宣言に規定されているEUの受け入れ能力も含めた条件は、厳密に守られなければならない。それにはコペンハーゲン基準に沿った宗教の自由も含めた基本権の行使も含まれている。EUに受け入れ能力がないかトルコが構成国としての全ての義務を完全に遵守できない場合には、トルコはEUとの特権的な関係をさらに発展させるような形で、可能な限り緊密にヨーロッパの構造に結びつけられなければならない。」(31) この連立合意の規定は明らかにCDU/CSUとSPDの選挙公約の折衷である。CDU/CSUはトルコとのEU加盟交渉を継続することでは妥協し、その替わりに加盟交渉を行っても、それがこれまでのEU拡大の前例のようには自動的に加盟に結びつかないことを明記した。そして場合によっては特権的パートナーシップという関係の構築になることを規定した。

(31) Koalitionsvertrag zwischen CDU, CSU und SPD, "Gemeinsam für Deutschland - Mit Mut und Menschlichkeit", 11. 11. 2005, pp. 129－130.

2　エルンスト・ロイター・イニシアティブ

2005年10月に開始されたトルコとの加盟交渉は、冒頭からキプロス問題をめぐって大きな障害に直面した。トルコとEUとの関税同盟が2004年に新規加盟したキプロスにも適用されることになっていたが、北キプロスのみを承認しているトルコはEU構成国となったキプロス共和国をなお承認していないことから、キプロスとの通商に大きな障害が残った。2004年のキプロス統一のための住民投票でキプロス側が北キプロスとの統合を拒否してしまったことが背景となっている。トルコとEUの加盟交渉はこうして予断を許さない状況になっており、交渉は遅々として進捗しない状況となっている。

このような状況の下ではあるが、メルケル政権はドイツとトルコとの関係の強化へ向けた具体的な政策も展開し始めている。これはEUの加盟問題がどのような形で決着するにしても、トルコとの関係の強化を続けることがドイツにとっては不可欠であるとの認識に立つものである。特にデンマークの新聞に掲載されたモハメッドの風刺画がメルケル政権発足直後の2005年末から2006年始めにかけてEU諸国で大きな論争の対象となり、大規模な抗議デモや暴力沙汰が多発したことから、多くのトルコ系イスラーム教徒を抱えるドイツにおいても、イスラーム教徒との社会的対話と共生の問題が注目されるようになっていたことも重要な背景である。シュタインマイヤー（Frank-Walter Steinmeier）外相とギュル（Abdullah Gül）外相は2006年2月にドイツとトルコそれぞれの大衆紙ビルトとヒュリエットに合同で記名記事を掲載し、お互いの文化と宗教を尊重することを訴え、「異文化間の戦い」に向かうことを防ぎ対話を強化することを求めた[(32)]。

シュタインマイヤー外相とギュル外相はさらにドイツとトルコの間の文化的な対話を強化するために2006年9月に「エルンスト・ロイター・イニシアティブ」を発表した。第3章でも紹介したように、ロイターは第二次世界大戦中にナチスに追われてトルコに渡り、トルコ政府の顧問や大学教員として活動した後に、戦後西ベルリン市長として活躍した政治家である。ドイツとトルコの両国で知られる人物の名を冠したイニシアティブは、特にマスメディア、若者の交流、両国に居住する外国人としての住民のよりよい社会統合、学術分野の協力などの強化を中心的な課題に据えている(33)。このイニシアティブは、全く新たに政策を展開するものではなく、既存の交流枠組み予算やさまざまな施策を統合的に運用し、強化していくことによって運営されている。また企業などからの財政的な寄付なども積極的に求めており、その意味においても単に政府主導にとどまらない、幅広い多様な交流の枠組みとなっている。

マスメディアの分野ではジャーナリスト交流の強化などによって、モハメッド風刺画事件のような事態を回避するような相互理解の強化が目指されている。それぞれの国において相手国のイメージを伝えるジェーナリストが相互の理解を一層深めることによって、過剰に単純化されたイメージやステレオタイプの再生産ではなく、よりよい理解を促進することが目指されている。また若者の交流の領域では、ホームステイと留学の組み合わせなどによって学校に通う生徒のうちに相互の理解を深めることが目指されている。また学術交流の分野では、交流協定の強化などによって一層の大学間の研究交流、学生交流が促進されるが、さらにトルコに新しくドイツ・トルコ合同大学を設置することが提言されている。

ドイツ語で講義することが企画されているこの大学は、ドイツとトルコの双方の企業からの支援などを取り入れながら、ドイツとトルコの対話の

---

(32) Gemeinsamer Namensartikel von Bundesminister des Auswärtigen, Dr. Frank-Walter Steinmeier, und dem türkischen Außenminister Abdullah Gül, veröffentlicht in BILD und Hürriyet am 11. Februar 2006, “Gemeinsam für Freiheit und Respekt”. (http://www. auswaertiges-amt. de/diplo/de/Infoservice/Presse/Interviews/ 2006/ 060211-SteinmeierUndGuel. html)

(33) “The Ernst Reuter Initiative for Intercultural Dialogue and Understanding”, (http://www. auswaertiges-amt. de/diplo/en/Aussenpolitik/Kulturpolitik/ERI/ErnstReuterInitiativeDokument. pdf)

架け橋となることが期待されている。シュタインマイヤー外相とCDUに所属し長年にわたって連邦議会議長を務め、また第3章で紹介された移民に関する独立諮問委員会の委員長でもあったジュースムート（Rita Süssmuth）による設立趣意書は次のように結ばれている。「イスタンブールにドイツ語を用いる大学を設立することで、我々はトルコのEU加盟プロセスに対して、またさらに加盟問題をはるかに超えて、重要な貢献をすることになる。そのようなプロジェクトは、今世紀には人類の本質的な課題は共同行動によってのみ解決し得る、という認識に基づく具体的な帰結なのである。50年後にドイツ最高峰の山ツークシュピッツェがまだ雪に覆われているか、休暇を過ごすドイツ人がトルコのリヴィエラの海岸で海水浴をすることが可能か、移民と社会統合の問題に答えを出すことができるか、ここヨーロッパでマドリードやロンドンやイスタンブールでの恐ろしいテロからよりよく我々を守ることができ得るのか―これら全てのことはグローバル化の時代には我々のみの問題なのではなく、ヨーロッパと国際的な枠組みにおける共同の研究や行動にかかっているのである。我々はグローバル化の時代にはこれまで以上に国際的でかつ異なった文化の間の学習共同体を必要としているのである。トルコとドイツはこの分野で共同歩調をとることができ得るのである。[34]」

エルンスト・ロイター・イニシアティブは1963年の独仏友好協力条約のような極めて大規模かつ包括的な二国間交流ではない。比較的に小さく地道な社会対話の積み重ねに過ぎない。しかしこのような社会対話を促進しようとする政治的な意志が、EUの加盟問題も一つの契機としてドイツとトルコの間で醸成され、動き始めていることにも注目することが必要であろう。このイニシアティブが動き始めたことは、大連立政権においては

---

(34)　“Plädoyer für eine deutsch-türkische Universität” - Gemeinsamer Aufruf von Bundesaußenminister Dr. Frank-Walter Steinmeier und Bundestagspräsidentin a. D. Prof. Dr. Rita Süssmuth（http://www. auswaertiges-amt. de/diplo/de/Infoservice/Presse/Interviews/ 2007/ 070308-DtTrUniversitaet. html）

メルケル首相が代表するCDU/CSUはトルコのEU加盟に消極的、SPDは積極的であるという加盟問題に対する立場の違いがあっても、トルコ社会との対話を深めていくことの重要性がドイツ政治においては広く認識されていることを示すものである。

おわりに

トルコはEUに加盟できるか、という問いに対してドイツの国内でも意見は大きく割れている。トルコがEUに加盟すれば、ドイツに次いで人口規模の大きなメンバーとなり、その人口増加率からして、いずれはEU内最大の人口を抱えることになる。EUの閣僚理事会においては独、仏、英、伊と並ぶ数の票を獲得し、欧州議会においても現在のEU内大国と並ぶ議席を獲得する。もちろんEU官僚にも多数のトルコ人が加わることになる。このトルコの大きさは、EUの運営に大きな影響を与えることになるのである。トルコがこれまでのEUと同じ価値を共有し、EUの運営にあたるのであれば、本来構成国の大きさは決定的に重要な要素にはならないはずである。しかし、トルコはなお民主主義の運営において問題を抱え、言論の自由や人権などEU諸国が根幹で共有している価値の保護にあたってもいくつもの問題を抱えている。そのために異質なトルコをEUに加盟させることに対してドイツでも反対は大きいのである。

トルコの社会はアンカラ協定の締結以来、大きな変化を遂げてきたし、EUとの加盟交渉を開始して以来、いっそう急速な変化を遂げてきた。しかし、ドイツでしばしば問題にされるように、トルコから政治的な迫害を理由としてドイツに難民庇護申請をおこなうトルコ人もクルド系住民も、減少したとはいえなお存在している。

このようなトルコにおける人権侵害の一つの象徴とされている刑法301条もなお改正されていない。刑法301条はトルコ国家侮辱罪を定めており、この規定によって実質的に言論の自由が大幅に制限されている。ヨーロッパでもよく知られ、後にノーベル文学賞を受賞したパムク（Orhan Pamuk）がクルド人やアルメニア人の殺害について公然と発言したことによって、この条項が適用され訴追されたことは、トルコがEU加盟プロセスにありながらも、なお非民主的な要素を残していることを象徴する事件であった。この訴追はEUからの圧力もあってまもなく取り下げられたが、この条項の廃止に向けた議論が速やかに進展しないことはトルコ政治の保守性と非民主的な要素が残っている証であると、ドイツではしばしば指摘されている。

さらに、トルコにおける公式な制度についてはこの刑法規定のような大きな問題はもはや多くは残っていないとしても、軍と政治の関係のように、ドイツから見た場合なお懸念される要素もある。トルコ政治における軍の位置づけは、政治による軍の完全なコントロールと、徴兵制によって市民社会と軍との乖離を回避し、軍独特の考え方や政治文化が生まれることを排除してきたドイツにとっては、懸念されるものである。政治に対する軍の影響力を完全に排除し、民主的な市民社会における軍の位置づけが明確になされなければならないであろう。

しかしトルコの民主主義の問題を、極端に特殊トルコ的な問題と考えることはバランスを欠くことになろう。EUは独裁や軍事体制から民主化し、安定した民主主義を築き、経済社会的な発展に向かう途上にあったギリシャ、スペイン、ポルトガルを受け入れ、政治システムと経済システムを安定化させてきた経験を有している。社会主義の全体主義的システムから体制移行した中東欧諸国も安定化させてきたのである。トルコのみがこれらの諸国と違う、と考えることは地理や宗教に大きな比重を置いて判断することであり、これはコペンハーゲン基準やEU条約に基づいて積み上げられてきたトルコのEU加盟交渉開始までの手続きを否定することにもなる。

ドイツにおいては、本章でも見てきたように、SPDと緑の党による連立政権がトルコの加盟に積極的であったこと、それとは対照的にCDU/

CSU が消極的であったことから、与野党間の政治的な論争になったことによって、トルコ加盟問題の議論が選挙戦向けに単純化されすぎた議論になったこともあった。そのため、加盟交渉が開始されたとしてもその結果については必ず加盟することが確定しているわけではなく、また加盟交渉の結果が出されるまでには10年を超える時間がかかること、さらにはもし加盟することになっても、これまでの拡大のように労働力の移動に関しては、長い移行期間が設定されるであろうことなどが忘れられたり、あえて無視されたりすることが多い。ドイツでトルコのEU加盟を積極的に支持する政治家、とりわけほとんどのSPDや緑の党の政治家たちでも、現在の状況でこのままトルコ加盟を認めることができると考えているものはいない。将来の加盟へ向けて、トルコは民主主義をさらに確立し、EU諸国並みの人権の保護を、政府の政策レベルで実現するだけではなく、トルコ社会が広く認めるところまで進めなければならない、つまりはEU諸国と同程度の市民社会がトルコに確立されなければならないと考えられているのである。

EU加盟をめぐるトルコとドイツの対話のプロセスは、すでに1950年代末からアデナウアー政権によって開始され、1961年のガストアルバイター受け入れ協定、1963年のアンカラ協定、1996年の関税同盟、2005年10月からの加盟交渉の開始など、50年近いきわめて長い時間をかけて進められてきた。前章で見たように、この間にドイツ社会は多くのトルコ系住民を迎え入れ、社会も変容してきた。そしてトルコも加盟へ向けて大きな変容を遂げてきた。そしてエルンスト・ロイター・イニシアティブは、このようなドイツとトルコの社会対話をさらに緊密なものに発展させようとする試みである。将来出される加盟交渉の結果についてはなお予断を許さないが、これまでの対話の趨勢と関係の緊密化の歴史を振り返るとき、ドイツ政治に大きな変動が生じない限り、トルコとEUの関係強化のプロセスはさらに深まっていくであろう。

第5章
加盟交渉過程のトルコ政治への影響[(1)]

間　　寧

はじめに

コペンハーゲン基準を達成するための政治改革の背景にはEUおよびトルコにおけるどのような政治力学が働いていたのだろうか。また具体的にどのような憲法・法改正が実現したのだろうか。さらにそれらの改革はトルコ政治にどの程度の変化をもたらしたのだろうか。本章では、まず、1983年以降の民主化において国内政治過程およびEU加盟準備過程の影響が次第に支配的になっていくことを指摘する。次に、1995年以降の憲法・法改正の内容を主要な3領域に分けて整理し、EU加盟条件への対応によりトルコの民主化が深化していく過程を整理する。最後にこれらの改革の民主化効果とその限界を考察する。

本章の本題に入る前に、ここで1982年憲法体制を概観しておく。トルコは1923年に共和制へ移行した当初は共和人民党（CHP）の一党独裁体制だったが、1946年に複数政党制を導入した。1950年で初の政権交代を

(1)　本章の執筆に当たりトルコ政府欧州連合事務局のEge ErkoçakおよびElif Yıldırım両氏には面会いただくとともにより多くの公開情報を提供いただいた。記して感謝したい。

実現した民主党（DP）が1950年代末に独裁化すると軍部が1960年にクーデターを起こした。1960－61年の軍事政権はDP関係者を軍事裁判で厳刑に処す一方、より民主主義的な1961年憲法を導入して民政移管した。ただし1961年憲法は1971年と73年の改憲により、民主的性格を後退させた。これらの改憲は、1971年の「書簡によるクーデター」を契機にしていた。軍部は政権を超党派内閣に任せたがその背後で圧力をかけ、社会主義的思想および活動を厳しく取り締まる憲法・法律改正を実現させた。1982年憲法の原型はここに見られる。その後1970年代末に左右テロが深刻化すると軍部は治安維持を目的に1980年にクーデターを起こした。

1980－83年の軍事政権は、すべての政党を解散、主要政治家を逮捕し、裁判に掛けた。また1970年代末の政治的混乱の原因が、1961年憲法が立法府を分裂させ、行政府機能を低下させ、団体や労働組合などの過度の政治参加を許したことにあると考え、反動的な1982年憲法を制定した。1982年憲法は1961年憲法に比べ、規定が詳細にわたり、修正が難しく、軍事政権の「成果」を当面維持するための規定が多く、国家権力を強めて個人の自由を弱め、三権のうち行政府権限を強め、意思決定機構での膠着状態を防ぎ、政治参加を制限する内容だった。制度的には、議院内閣制ながらも大統領の非常大権が拡大され、基本的人権が（広範かつ曖昧に定義された）非常事態において制限を受けることが明記された。市民社会組織は国家の厳しい監視を受けるとともに、政治活動を禁止された。つまり、その導入期において、1982年憲法は、1961年憲法が保障した権利と自由や権力抑制機能を制限することにより、強い中央政府を確立することを狙っていた。

I　民主化の政治力学[2]

⑵　本節の一部は、拙稿「外圧と民主化：トルコ憲法改正2001年」『現代の中東』No. 33（2002年7月）に依拠した。

ECとの「加盟のためのパートナーシップ」(accession partnership) に基づく一連の憲法・法改正は2001年に始まったが、より広く捉えてEUの要求にもとづく憲法・法改正は1995年以降に起きている。その転機はEC・トルコ関税同盟の条件として1995年に改憲が求められたことである。その後もクルディスタン労働者党 (PKK) 党首オジャラン (Abdullah Öcalan) 被告の公正な裁判をEUが求めたことに対して、1999年改憲が実現している(3)。このように1995年以降に顕著になったEUからの圧力は、トルコの1983年以降の民主化が、(1)集団・結社の自由の拡大から、(2)個人・少数派の権利の拡大、さらに(3)軍部の影響力の縮小へと、より重要な領域に進む上で決定的な役割を果たした。

1 内生的民主化から外圧による民主化へ

1983年以降のトルコの民主化は1982年憲法体制の民主化と言い換えられる。特に同憲法はトルコ政治社会を詳細にまで立ち入り規定していたため、法改正のみならず改憲が民主化の必要条件だった。1983年以降の民主化過程は当初、国内の政治力学により規定されていた。たとえば旧政治家の政治活動を解禁した1987年改憲などである。しかしそれ以降の民主化はEUからの要求を強く反映してきた。

1995年改憲の実現はECとの関税同盟の前提条件だった。トルコにとって懸案だったECとの関税同盟は、1995年3月にEC理事会で問題なく承認された。しかし欧州議会はトルコ政府による3月から5月のPKK掃討作戦をきっかけにトルコ批判を強め、関税同盟批准の条件として現行憲法の民主化や対テロ法の改正を要求した。左記憲法・法改正は正道党 (DYP) と社会民主人民党 (SHP) の左右連立政権樹立合意に含まれていたものだが、与野党保守派の反対により成立が危ぶまれていた。EC加盟への前進を意味する関税同盟を成立させるためには、チルレル (Tansu Çil-

(3) 1999年には6月と11月に改憲が行われたが、ここでは6月改憲を指す。

ler）首相は民主化のための改憲を何としても行わなければならなかった。改憲のための第1回国会投票で野党第1党の祖国党（ANAP）が反対や棄権に回ったが、チルレル首相は野党で中道右派のANAPが民主化を妨害していると世論に訴え、第2回投票ではANAPを賛成に回らせ、改憲法案の大部分を成立させることに成功したのである。

1999年改憲は、1999年2月にトルコ当局に拘束されたオジャランPKK党首の裁判の正当性をEUに対して証明するためのものだった。欧州人権裁判所は、1998年の判決で、国家治安裁判所では被告が公平かつ公正な裁判を受ける権利が否定されているとの見解を示していた。オジャラン被告が国家治安裁判所（ならびに上告先の最高裁判所）の判決を不服として欧州人権裁判所に上告した場合、同裁判所がトルコに不利な判決を下すことは確実だった。これを防ぐため、1999年総選挙後に発足した民主左派党（DSP）、民族主義行動党（MHP）、ANAPの3党連立エジェヴィット（Bülent Ecevit）政権は同裁判所判事のうち武官を廃止してすべて文民にする改憲を実施したのである。同政権の第1、第2与党が、オジャランPKK党首を拘束した前政権で、それぞれ第2、第1与党だったことも新政権下での早期改憲を容易にした。

2　加盟候補国としての改革

2001年改憲およびそれ以降の民主化は、トルコが加盟候補国に認定されたヘルシンキ欧州理事会以降の加盟準備過程の産物である。この過程では、各国別に「加盟のためのパートナーシップ」が起草される。これは、加盟にむけて改善が必要な重点課題と、それら分野に対するEUからの財政支援の方法を定めている。重点課題には短期的なものと中期的なものがあり、加盟協定の見直しに伴い変更修正される。加盟候補国は、「加盟のためのパートナーシップ」を達成するための具体的公約である国家プログラム（national program）を立てる。ここには憲法・法改正や政策が、「加盟のためのパートナーシップ」の重点課題に対応する形で列挙される。欧州委員会は加盟候補国の重点課題別進展度合いを監視し、年次報告書（progress report）にまとめて欧州理事会に提出する。同報告書は、欧州理事会が加盟交渉を進めるかどうかの最も重要な判断材料になるとともに、「加盟のためのパートナーシップ」改定の土台となる（図1）。

図1：EU 加盟準備過程

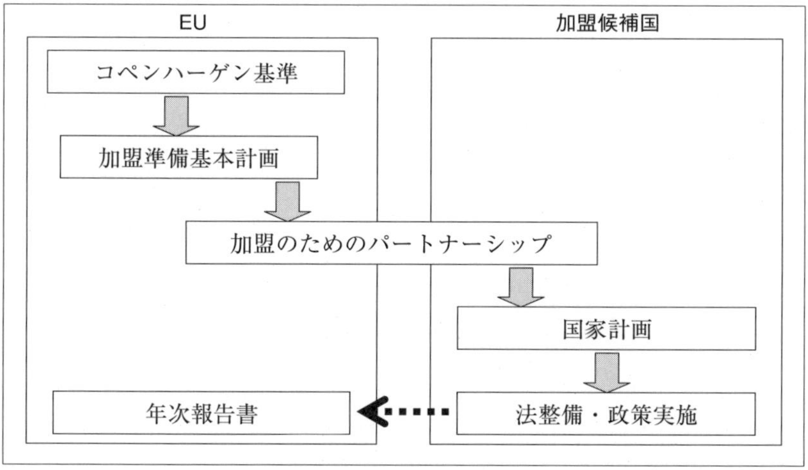

トルコについての最初の 2000 年「加盟のためのパートナーシップ」は、2001 年 3 月の欧州理事会で決定された。それは、欧州委員会の 2000 年次報告書に沿って、①政治的基準、②経済的基準、③国内法の EU 法準拠、④行政能力向上、に関する重点課題を列挙した。このうち技術的性格が強い③を除くと、その最も多くが①の政治的基準の項目に分類されている。短期的重点課題については 2001 年末までに達成または大幅な改善が、中期的重点課題については可能なものから 2001 年に着手することが、それぞれ求められている。トルコ政府は「加盟のためのパートナーシップ」を受けて策定した国家プログラムを 5 月に発表した。

2000 年「加盟のためのパートナーシップ」の政治的課題は短期的課題

が11項目、中期的課題が9項目だった。「加盟のためのパートナーシップ」で2001年末までに達成を求められた内政の短期的課題は、(1)欧州人権憲章第10条に沿って、表現の自由への法律・憲法的保証を強化すること、および非暴力的意見の表明を理由に投獄された人々の待遇を改善すること、(2)集会と結社の自由への法的・憲法的保証を強化することと市民社会発展を促進すること、(3)拷問撲滅のための法律を強化し、必要措置を講じること、および拷問防止欧州憲章を遵守すること、(4)欧州人権憲章の規定および拷問防止委員会の勧告に従って裁判前拘束に関する法手続きを整備すること、(5)人権侵害に対する法的回復の機会を強化すること、(6)各国および国際機関との協力により法執行官のための人権教育を促進すること、(7)司法府の機能と効率を改善すること、中でも国家治安裁判所を国際基準に準拠させること、および判事と検察官の、人権分野を含めたEU法について訓練を強化すること、(8)死刑の事実上停止を継続すること、(9)テレビ・ラジオ放送でのトルコ国民の母語使用を禁ずる法的規定を廃止すること、(10)国民の経済、社会、文化的機会を拡大するために、地域格差を縮めること。特に南東部の状況を改善する包括的解決方法を構築することだった（外交の課題については第6章I 参照）。

他方、達成に1年以上の期間が認められた内政の中期的課題は、(1)言語、人種、肌の色、性、政治観、哲学的信条、宗教に拘わらず、人権と基本的自由を個人に保証すること、(2)人権保護のための欧州憲章に沿って、トルコ国民の権利と自由を保障するために憲法と法を改正するとともに、EU加盟国での運用に準拠させること、(3)死刑を廃止し、欧州人権憲章第6議定書を調印批准すること、(4)国際人権規約を批准すること、(5)刑務所の拘留条件を囚人の扱いに関する国連標準最適規則などに適合させること、(6)国家安全保障会議の憲法上の役割を、EU加盟国での運用に従い、諮問議会として再編すること、(7)南東部における非常事態令を廃止すること、(8)文化的多様性を保護し、出身を問わず国民の文化的権利を保証すること、ならびに教育分野を含め、これらの権利の享受を阻止する法規定を廃止することだった。

3　改革要求・実施の政治的文脈

以上の内容を含む 2000 年「加盟のためのパートナーシップ」を実施したのはエジェビット政権である。2001 年にトルコ史上最大の改憲を実現するとともに、2002 年に第 1 次～第 3 次の EU 調和法を成立させた。EU 調和法とはコペンハーゲン規準を満たすための国内関連法を改正するための包括的立法である。2001 年以降の改革は、基本的人権への制約の撤廃や少数派権利の拡大など、より弱い立場にある人々の権利を守るという点に、それ以前の改革と比べて特徴がある。また EU の政治的関心も、キプロス問題の平和的解決や、(国内法廷で死刑が確定したオジャラン PKK 党首をも対象とする）死刑廃止の要求として如実に表れた。エジェビット政権は 2000 年「加盟のためのパートナーシップ」の内容をほとんどそのまま国家プログラムに盛り込み、法案作成と審議では連立第 2 与党の民族主義政党（MHP）の根強い反対を受けたものの(4)、2001 年改憲で実現できなかった改革をその後の EU 調和法に盛り込むとともに野党の幅広い支持を得て、基本的人権制限条項撤廃、死刑廃止、クルド語放送自由化など数多くの改革を実現した。

「加盟のためのパートナーシップ」の 2003 年と 2005 年の改訂は、もっぱら 2000 年の中期的課題で達成されていない項目が対象で、それぞれの改訂後はすべての項目が短期的課題（約 2 年以内）となり早急な改革が求められた。同時に、過去 2 回の 2 年ごとの改訂はトルコ内政やトルコ・EU 関係の変化の時期に重なっていた。まず 2003 年改訂（2003 年 6 月採

(4)　Gamze Avcı, "Turkey's EU Politics: Consolidating Democracy through Enlargement?" Helene Sjursen (ed.), *Questioning EU Enlargement: Europe in Search of Identity*, Rougledge, 2006, pp. 68－70. なお、キプロス問題で進展の無かった理由には、エジェビット首相自身の（左派）民族主義、そして何よりも 1974 年に首相としてキプロス侵攻を決断したことも加わる。

択）はエジェビット政権に代わる新政権発足後だった。2002年11月総選挙でトルコ初の親イスラーム政党単独政権が誕生した。与党公正発展党（AKP）は選挙前からEU加盟賛成を表明していたものの、AKPの前身の歴代親イスラーム政党は1990年代半ばまではEU加盟反対の立場を取ってきたとともに伝統的価値観が強いため、民主化のための法改正を積極的に推し進めることができるかどうかが注目されていた。そのためか2003年で抜本的な変更は無かった。

その内容は、2000年「加盟のためのパートナーシップ」の趣旨をほぼそのまま踏襲するとともに同協定の中期的課題をより具体化したもので、⑴欧州人権裁判所判決を受けた再審の権利の確立、⑵すべての宗教共同体と、その構成員、財産、布教、聖職者の教育と任命の法的保障、⑶国民の文化的差異に拘わらず放送視聴機会とトルコ語以外での教育の保障、⑷文民統制をEU水準にするための国家安全保障会議改革、⑸高等裁判所の設置などが追加される一方、達成項目が削除され、合計15項目になった。上記課題に対し、AKP政権はEU加盟問題をイデオロギー的議論から切り離すとともに[(5)]、国会議席3分の2の多数に乗じて、第4次から第8次までの調和法および2004年改憲を成立させた。クルド語放送の実現（それまでは合法化のみ）、軍部の政治的権限縮小、死刑廃止などの結果、2004年ブリュッセル欧州理事会はトルコがEU加盟交渉開始に必要な条件を満たしたと判断した。

次の2005年改訂（2006年1月採択）はトルコの加盟交渉開始時期を決定した2004年12月ブリュッセル欧州理事会の直後だった。同欧州理事会で

⑸　エジェビット政権でのMHPが連立与党としての最低限の義務を果たしつつも、反EU世論の結集点となることを図ったのに対し、AKPは支持基盤をイスラーム派のみならずトルコの一般大衆まで拡大することを目指した。Gamze Avcı, "Turkish Political Parties and the EU Discourse in the Post-Helsinki Period: A Case of Europeanization," Mehmet Uğur and Nergis Canefe (eds.), *Turkey and European Integration: Accession Prospects and Issues*, Routledge, 2004.

は、加盟交渉開始を2005年10月と定めたものの、労働力移動などに制限を課すことができること、2014年までは予算上トルコの加盟が不可能であることなどトルコのEU加盟反対諸国の意見を色濃く反映していた。また、より重要なこととして、トルコがキプロス共和国を（EU・トルコ関税同盟追加議定書にEU新規加盟10ヶ国を列挙することで）間接承認することが求められた。その条件が「加盟のためのパートナーシップ」の2005年改定に盛り込まれたのである。これ以外にも、2003年改訂「加盟のためのパートナーシップ」までは一般的ないし漠然とした表現だった改革要求項目が、2005年改訂で数多くの具体的項目に転換され、その数も37と飛躍的に増えた。しかも、EUが、コペンハーゲン基準に照らしてトルコが加盟交渉開始の条件を満たしたと判断した後にさらなる具体的改革を求めたことは、その要求が加盟交渉過程の当然の帰結と言うよりはトルコ加盟に反対するEU加盟国の指導者および世論に配慮したものであることを伺わせる。

同改訂で新規に追加ないし修正された項目は、(1)地方自治での透明性と参加の促進、(2)オンブズマン制度の導入、(3)軍事支出への議会監視の確立、(4)軍事法廷での文民訴追の廃止、(5)（司法府人事決定機関である）判事・検察高等委員会の独立性確保、(6)民事訴訟法導入による司法の効率化、(7)公務員倫理規定の議員、法務官、教官、軍人への適用、(8)集会と結社の自由に対する過剰な公権力行使の予防、(9)政党に関する規定の欧州規定への準拠、(10)非ムスリムの宗教共同体の財産の当局による接収・売却の停止、(11)女性の権利のための法改正および名誉殺人からの女性保護、(12)トルコ語以外の言語による地方民間放送への障害の除去、(13)東部、南東部における農村衛兵（village guards）の廃止と地雷撤去、(14)南東部における治安状況から被害を受けた住民への賠償、などである。

II　改革の内容

2001年以降の民主化改革（**表1**から**表3**参照）は、EUとトルコの間の「加盟のためのパートナーシップ」の短期的・中期的課題をほとんどそのまま実施したものである。ただし、それらの課題の達成過程はトルコ政治の力学に規定され、比較的実現が容易なものから難しいものへと進んだ。改革の難易度を規定していたのは、改革がトルコの国家原則および政治エリート権力をどの程度制約するかであった。そのため改革は、集団行動の自由化（上述表♧の印）→個人・少数派の権利の拡大（同♥の印）→軍部の影響力の縮小（同♠の印）という順序で進んできた[(6)]。

1　集団行動の自由化

政党、集会・結社、労働組合など集団行動に関する権利と自由は、1983年以降の民主化の比較的早い段階から回復されてきた。たとえば1987年改憲が旧政治家の政治活動を解禁した。ただし1982年憲法は政治を政党に任せる一方、市民社会を非政治化することを狙っていたため、政党活動の自由化に比べて市民社会活動への制約は長く続いていた。

第1に、政党について見ると、1982年憲法はこれを民主主義の不可欠な要素として認識した。しかしその一方で、その悪用を防ぐことを名目に、反世俗主義、分離主義、共産主義を目的にした政党を禁止した。これに反した場合、政党は憲法裁判所により解散させられ、所属党員は議員資格を剥奪され、解散の原因となった党員は5年間政党活動を禁じられた。政党解散審査制度ができた1962年から2001年までの間に22政党が憲法裁判

(6)　以下の憲法・法改正の叙述は、拙稿「外圧と民主化：トルコ憲法改正2001年」、Ergun Özbudun and Serap Yazıcı, *Democratization Reforms in Turkey*（*1993–2004*）, Türkiye Ekonomik ve Sosyal Etüdler Vakfı, 2004、およびトルコ政府欧州連合事務局のホームページ（www. abgs. gov. tr）に依拠した。

表1：2001年10月3日憲法改正：過去最大の憲法改正

内　容	分類
【前文】国家原則に反する思想に対しては憲法上の保障が無いという規定の廃止。	♥
【13】基本的権利と自由を制限できる根拠として挙げられていた、「国家の国土と国民との不可分の一体性、国家主権、共和制、国家安全保障、公的秩序、公共治安、公共利益、一般倫理および一般保健衛生を守る目的」という抽象的な理由を削除。権利と自由の制限に比例原則を採用。	♥
【14】「権利と自由の悪用禁止」の名のもとに権利と自由が不当に制限されることを禁止。また、権利と自由の制限を行為に限定し、思想を制限の対象から除外。	♥
【19】集団による罪での最大拘留期間を15日から4日へ引き下げ。国家賠償に賠償法の原則を適用して、公正さを確保。	♥
【20】個人への検査・捜索、拘束・押収のための条件を限定。司法府による監視を導入。	♥
【21】住居への検査・捜索、拘束・押収のための条件を限定。司法府による監視を導入。	♥
【22】盗聴のための条件を制限。司法府による監視を導入。	♥
【23】出国の自由に対する、国の経済状態を理由にする制限を廃止。	♥
【26】法律で禁じられた言語による思想の表明と宣伝の禁止を廃止。	♥
【28】法律で禁じられた言語での出版の禁止を廃止。	♥
【31】通信利用の権利の制限を緩和。	♥
【33】社団および財団の設立における事後審査を廃止。	♧
【34】集会や示威行進の当局の判断による禁止・延期規定を廃止。社団、財団、組合、および公的職業団体が設立目的以外の事柄についても集会・示威行動を行うことを容認。	♧
【36】裁判における公正性を保障。	♥
【38】死刑を戦争とテロ犯罪の場合に限定。強制的自白が無効であることを明示。基本的人権を侵す契約を禁止。	♥
【40】個人が権利・自由の保護を求める場合の法的手続きを明示することを国家に義務付け。	♥

【41】夫婦間の平等を規定。	♥
【46】国有化価格・競売予定価格決定での恣意性の制限。	
【49】失業者の保護を国家に新たに義務付け。	
【51】労働者の団結権を、肉体労働者以外の労働者にも原則として承認。ただし、公務員の団結権が業務内容により法の制限を受けうること、すべての労働者の団結権が憲法第13条（権利と自由の制限）と同じ理由で法的制限を受けうることも明記。	♣
【55】最低賃金決定で、労働者の生活必要条件が考慮の対象に。	
【65】国家の社会経済的任務の遂行において、経済安定維持以外の優先目標を容認。	
【66】国際結婚で妻がトルコ国籍の場合も、子にトルコ国籍が与えられることを保障。	♥
【67】業務上過失による受刑者に選挙権付与。	♥
【69】政党解散条件として、違法行為を党の主要機関のどれかが承認していることを追加。政党助成金中止という刑罰を追加導入し、有罪でも政党解散回避を可能に。	♣
【74】請願権の対象を、トルコ居住外国人にまで拡大。また、請願への迅速な対応を義務付け。	
【86】国会議員の社会保障権と年金受給権を保障。	
【87】国会の恩赦宣言と死刑執行決議の条件強化。	♥
【89】大統領が差し戻した法律の再審議で、問題点以外の条項を審議しないことにより、国会での無修正再可決を容易にし、大統領の拒否権を制限。	
【94】組閣作業に早く着手できるように、国会議長選挙を迅速化。	
【100】国会尋問に対する与党の影響力を低下させ、国会の監視機能強化。	
【118】国家安全保障会議の構成を文民・武官同数から文民多数に変更。同会議の勧告機関であることを明記。	♠
【149】政党の解散命令に必要な憲法裁判所判事票数を過半数から５分の３に引き上げ、政党解散命令要件を強化。	♣

【移行条項 15】（これまで唯一対象外だった）軍事政権期の立法を司法審査の対象に。	♠
【移行条項（番号なし）】国家存立の脅威となる罪で 2001 年改憲以前に有罪が確定した受刑者を、同改憲規定の適用対象から除外。	

出所：「外圧と民主化：トルコ憲法改正 2001 年」『現代の中東』No. 33（2002 年 7 月）47 頁、表 1 に筆者加筆
注：【 】は条項番号。
♧：結社・団体活動の権利・自由を改善する改正
♥：基本的人権、少数派権利を改善する改正
♠：軍部の政治的権限を縮小する改正

所審査により解散させられている。このうち 7 つが国会議席を有していた[(7)]。1995 年以降の政党活動の自由化では、禁止の対象となる行為は本質的に変わらないものの、刑罰の適用条件を厳しくし、解散措置を起こりにくくした。

1995 年改憲では、議員資格剥奪の対象を、解散命令の原因である議員に限定した。これにより、親イスラーム政党や親クルド政党の議員は、これまでのように自党が解散させられても、自分の言動が解散命令の原因でなければ議員を続けられることになった。また、政党解散訴訟における被告政党に、口頭弁論の機会が与えられることになった。2001 年改憲は政党解散となる行為を党の主要機関が承認していることを条件としたため、一党員の過激な言動のみで政党が解散されることはなくなった。また政党に対する刑罰として政党助成金中止措置を追加導入し、有罪でも必ずしも政党解散が命令されなくなった。さらに憲法裁判所による政党解散命令に必要な判事票数を過半数から 5 分の 3 に引き上げ、同命令が下りにくくした。

第 2 に、集会・結社の自由でも、1982 憲法体制では社団、財団、労働

---

(7) Yasushi Hazama, *Electoral Volatility in Turkey: Cleavages vs. the Economy*, Institute of Developing Economies-JETRO, 2007, p. 92, Table 7-1.

表2：2002－04年法改正：「EU調和法」パッケージ

番号：成立日	内　容	分類
第1次： 2002年2月6日	思想上の罪*を、公的秩序を脅かした場合に限定。懲役・逮捕期間を短縮。	♥
	個人生活の秘密、通信および住居の不可侵を保障。	♥
第2次： 2002年4月9日	拷問や不当な扱いを理由に欧州人権裁判所が命じた罰金を、罪を犯した公務員に支払わせることを規定。	♥
	出版法の「禁止された言語」概念を廃止。	♥
	人種、宗教・宗派、言語、文化的差異に依拠する社団の禁止規定廃止。	♧
	宗教的少数派の財団が不動産を取得する際の障害を除去。	♥
第3次： 2002年8月3日	戦時を除き死刑を廃止。	♥
	ラジオとテレビでクルド語放送を行うための規定導入。	♥
	欧州人権裁判所がトルコ政府に有罪判決を下した場合、同判決が裁判やり直しの根拠となりうることを規定。	♥
第4次： 2003年1月11日	政党法と犯歴法の改正により、政治活動禁止刑軽減。政治活動禁止刑受刑歴者の国会議員選出禁止規定廃止。政党法改正により、政党強制解散の条件を強化。	♧
	拷問罪の公訴で当局の許可を求める規定を廃止。同罪での罰金刑および執行猶予適用を禁止。	♥
第5次： 2003年1月23日	欧州人権裁判所判決に従う再審が容易に（過去に結審した訴訟をも法の対象に含め、親クルド政党DEP元国会議員へ再審の道）。	♥
第6次： 2003年7月15日	テロ対策法での「国家の一体性に反する宣伝」（いわゆる思想上の罪）禁止条項廃止。	♥
	民間および国営テレビ局によるクルド語放送が可能に。	♥
	子供の命名で非トルコ語名への制限廃止。	♥
	刑事訴訟法改正で、国家治安裁判所と他の裁判所での訴訟方法を統一。	♥

第 7 次： 2003 年 7 月 30 日	国家安全保障会議の権限縮小、本来の諮問会議としての性格強める。開催期間は毎月 1 回から 2 ヶ月に 1 回へ。	♠
	国家安全保障会議事務局の会議決定事項追跡。監督権限廃止。事務局長の武官規定廃止。	♠
	会計検査院が軍事支出を非公開で検査することが可能に。	♠
	平時における民間人の軍事裁判を廃止。	♥
	拷問罪についての迅速な判決を義務付け。	♥
	公衆道徳に反する出版物の焼却規定廃止。	♥
	法人に社団設立権を認める。集会・デモへの当局による延期措置を罪が犯される危険性が高い場合に限定し、期間も 2 ヶ月から 1 ヶ月に引き下げ。	♧
第 8 次： 2004 年 7 月 14 日	高等教育委員会への国軍参謀総長による 1 名の指名枠廃止。	♠
	ラジオ・テレビ高等委員会への国家安全保障会議事務局による候補提示権廃止。	♠
	通信高等委員会委員から国家安全保障会議事務局を除外。	♠
	有害出版物規制委員会への国家安全保障会議による 1 名の指名枠廃止。	♠

出所：間寧「トルコの EU 加盟交渉開始」『現代の中東』No. 40（2006 年 1 月）14 頁、表 3 に筆者加筆（原出所：トルコ政府欧州連合事務局ホームページ（www. abgs. gov. tr）より筆者作成）

注：憲法改正を反映する法改正を除く

♧：結社・団体活動の権利・自由を改善する改正

♥：基本的人権、少数派権利を改善する改正

♠：軍部の政治的権限を縮小する改正

＊階級・民族、宗教、宗派、地域的差異をもとに憎悪を煽る罪。

表3：2004年5月7日憲法改正：EU調和法の憲法への反映

内　容	分類
【10】男女権利平等と国家保障。	♥
【30】国家原則違反を理由にした出版・報道制限を廃止。	♥
【38】死刑完全廃止（【15】、【17】、【87】で対応改正)。国際刑事法廷への被疑者引き渡し可能に。	♥
【90】国内法に対する国際条約優位を規定。	
【131】統合参謀本部の高等教育委員会委員候補擁立権限廃止。	♠
【143】国家治安裁判所廃止。	♥
【160】国軍予算を会計監査対象に。	♠

出所：間寧「トルコのEU加盟交渉開始」『現代の中東』No. 40（2006年1月）14頁、表4に筆者加筆（原出所：トルコ政府欧州連合事務局ホームページ（www. abgs. gov. tr）より筆者作成）
注：【　】は条項番号
♧：結社・団体活動の権利・自由を改善する改正
♥：基本的人権、少数派権利を改善する改正
♠：軍部の政治的権限を縮小する改正

／経営者組合、公的職業団体、協同組合の政治活動や政党との提携は禁止されていた。1995年改憲は、この規定を廃止するとともに、当局による活動停止命令が司法府の承認を24時間以内に得られない場合は無効とした。また大学教員と大学生の政党加入や政党の青年・女性組織の設立も可能になった。2001年改憲は、社団および財団の設立における国の事後審査を廃止した。集会・デモについては当局の判断による禁止・延期規定を廃止するとともに、社団、財団、組合、および公的職業団体が設立目的以外の事柄について集会・デモを行うことも容認した。第2次調和法は、人種、宗教・宗派、言語、文化的差異に依拠する社団を禁止する規定を廃止した。ただし、集団・デモについての当局による延期規定は、2001年改憲が反映されずに残った。第7次調和法はその延期措置を罪が犯される危険性が高い場合に限定し、期間も2ヶ月から1ヶ月に引き下げた。また法

人の社団設立権を認めた。さらに2004年7月17日に社団法が全面改正され[8]、外国からの資金援助の事前許可制廃止、総会での政府役人傍聴廃止、治安当局による捜索での令状義務付け、国際的連携のための外国代表部開設の自由化、不動産売買の自由化などが実現した。なお、団結権については、2001年改憲が、その対象をそれまでの「現場労働者（işçi）」でなく「勤労者（çalışan）」に広げたため、公務員の団結権も認められることになった。

2　個人・少数派の権利の拡大

集団行動の権利の拡大とは異なり、個人や少数派の権利を守るための改正は2001年改憲以降に実質的に始まった。1982年憲法の大きな問題は、基本的人権を原則的には認めるものの、「国家の国土と国民との不可分の一体性、国家主権、共和制、国家安全保障、公的秩序、公共治安、公共利益、一般倫理および一般保健衛生を守る目的」という抽象的な理由により制限できることだった。2001年改憲は第13条から上記の抽象的な表現を削除するとともに、権利と自由の制限に比例原則（刑罰を罪の重さに比例させる法原則）を取り入れた。また、第14条で「権利と自由の悪用禁止」の名のもとに権利と自由が不当に制限されることを禁止した。

より具体的な規定に関する2001年以降の改革について以下では⑴個人の自由・安全・個人生活の不可侵、⑵公平な裁判の権利、⑶信教の自由、⑷表現・出版・報道の自由の領域に分けて概観する。

第1に、個人の自由・安全・個人生活の不可侵に関して、2001年改憲は集団による罪での最大拘留期間を15日から4日へ引き下げ、強制的自白が無効であることを明示したほか、基本的人権を侵す契約を禁止した。また不法な拘束による被害に対して国家が賠償することを定めた。個人お

⑻　同法改正は形式的にはEU調和法として実現したわけではないが、法案趣旨に明記されたとおり2003年に修正された国民プログラムを実施する（つまりはコペンハーゲン規準を達成する）ためのものだった。

よび住居への検査・捜索、拘束・押収や盗聴のための行政府権限が限定され、緊急時でも司法府への24時間以内の通知と48時間以内の承認がなければ無効となることが定められた。また国の経済状態を理由にした出国制限が無くなった。

死刑は戦争とテロ犯罪の場合に限定され、国会の死刑執行決議条件も狭められた。ただし、基本的人権保護規定が適用されない「国家存立の脅威となる罪」で2001年改憲以前に有罪が確定した受刑者を、改憲規定の適用対象から（移行条項により）除外したため、オジャランPKK党首の死刑判決は有効だった。このほか、個人が権利・自由の保護を求める場合の法的手続きを明示することが国家に義務付けられた。法の下の平等の原則が、男女についてより具体化し、夫婦間の平等や国際結婚で妻がトルコ国籍の場合も子にトルコ国籍が与えられることが保障された。

その後のEU調和法では、第1次調和法が個人生活の秘密、通信および住居の不可侵を保障した。第2次調和法は拷問や不当な扱いを理由に欧州人権裁判所が命じた罰金を、罪を犯した公務員に支払わせることを規定した。第3次調和法は戦時を除いて死刑を廃止し、終身刑に代えた。第4次調和法は拷問罪の公訴で当局の許可を求める規定を廃止するとともに、同罪での罰金刑および執行猶予適用を禁止した。第6次調和法は、子供の命名で国民文化（our national cultures）にそぐわない名を禁止する規定が廃止された。この条項はクルド語名での出生登録が役所で拒否される根拠になっていた（ただし司法府は拒否を不当と判断していた）。第7次調和法は拷問罪についての迅速な判決を義務付けた。さらに2004年改憲が死刑を完全に廃止するとともに（オジャランPKK党首は終身刑）、国際刑事法廷への被疑者引き渡しを可能にした。

第2に、公平な裁判を受ける権利である。この権利への大きな障害は国家治安裁判所だった。同裁判所は国家の安全を犯す罪を裁く下級裁判所として1973年に設立され、1982年憲法体制に引き継がれた。長官と正副判事各1名は文官だったが、残りの正副判事各1名は武官だった。また同裁判所所属検察官も文官と武官の混成だった。これに対し 1999 年改憲は、武官正判事を文民正判事に代え、武官副判事を廃止し、検察官を文官出身とすることにより、すべての裁判官・検察官を文官にした。第 6 次調和法は、国家治安裁判所と他の裁判所での訴訟方法を統一、第 7 次調和法は平時における民間人の軍事裁判を廃止し、最後に 2004 年改憲が国家治安裁判所を廃止した。また基本的人権の国際的保護として、第 3 次調和法は欧州人権裁判所がトルコ政府に有罪判決を下した場合、同判決が裁判やり直しの根拠となりうることを定めた。さらに第 5 次調和法は欧州人権裁判所判決に従う再審制度を改正し、過去に結審した訴訟をも法の対象に含めた。これにより服役中の親クルド政党（民主主義党、DEP）元国会議員は再審を受け釈放された。

第 3 に、信教の自由に関する措置は、EU の関心事であるキリスト教徒の権利拡大に応じたものである。第 3 次調和法は、非イスラーム教徒（ローザンヌ条約が定めた「少数派」で、クルド民族を含まず）の財団が不動産を取得し利用することを可能にした。第 6 次調和法は非イスラーム教徒の財団が礼拝所を設立することを、当局の承認を条件に認めた。

第 4 に、表現・出版・報道の自由における最大の懸案は、トルコにおいて国家原則に反する行為のみならず思想もが刑の対象となっていることであった。まず 2001 年改憲で、国家原則に反する思想に対しては憲法上の保障が無いという規定が廃止された。権利と自由が制限されうるとの規定の対象が行為に限定され、思想が制限の対象からはずされた。「法律で禁じられた言語」による思想の表明と宣伝の禁止および出版の禁止もそれぞれ廃止された。「法律で禁じられた言語に関する法律」（1982 年成立）とはトルコ語以外の言語のうち国際的に用いられていない言語、実質的にクルド語を禁止するものだった。同法は、1991 年にすでに廃止されてはいたが、特定言語の使用を禁止できるとの憲法規定が廃止されたことの意味は大きい。

その後の EU 調和法では、第 1 次調和法が思想上の罪（階級・民族、宗教、宗派、地域的差異をもとに憎悪を煽る）を、公的秩序を脅かした場合に限定し、懲役・逮捕期間を短縮した。第2次調和法は出版法の「禁止された言語」規定を廃止した。第3次調和法はトルコ語以外の現地語（「トルコ国民が日常生活で伝統的に用いてきた様々な言語と方言」）をラジオ、テレビ放送で使用することおよび民間の言語学校で教えることを認めた。これによりクルド語での放送も合法化された。また、共和国、トルコ性、国会、政府、閣僚、軍部、警察、司法府に対する侮辱を罪とする刑法規定を改正し、侮辱の意図が無い批判は罪とならないことを定めた。第4次調和法は報道取材源の秘匿保障、第6次調和法は、テロ対策法における分離主義的宣伝を禁止する規定を廃止した。またトルコ語以外の現地語でのラジオ、テレビ放送が国営と民間の両方で可能であることを明示した。第7次調和法は、公衆道徳に反する出版物の焼却規定を廃止した。2004年改憲は、トルコ国家の基本原則に反する罪を犯した場合に出版社の活動を禁止することを認める条項を削除した。

3　軍部の影響力の縮小

民主化改革過程の後半に盛り込まれたのは、軍部の影響力を縮小させるための措置である。現行憲法体制は、1980－83年軍政および軍部の政治関与を合法化する仕組みが埋め込まれている。その象徴が、国家安全保障会議である。同会議は1961年憲法体制で設立されたときは人数構成が文民優位だったが、1982年憲法体制で文民が大統領（主宰者）、首相、外相、内相、国防相の5名、武官が国軍参謀総長、陸軍・海軍・空軍・憲兵隊司令官の5名という文民・武官同数になり、軍部の影響力が相対的に強まった。また同会議事務局を担当する軍部が実質的に議題を用意、文書を作成することにより、会議の主導権を握ってきた。同会議事務所に関する通達は秘密通達によって規定されているためその組織と活動を政権が監視することはできなかった。同会議は憲法上は首相の諮問機関の体裁を取っていたが、実質的には国内外の安全保障政策での軍部の提案を国の政策として承認する場となってきた。さらに1997年の「2月28日過程」では、イスラーム運動の取り締まりを勧告する文書を軍部が用意して親イスラーム政党（福祉党、RP）党首のエルバカン（Necmettin Erbakan）首相に署名させる事件が起きた。軍部は同会議以外でも教育、放送、出版など内政に関する意思決定機関への参与権を維持していた。

2001年改憲は、国家安全保障会議の構成を文民・武官同数から文民多数に変更するとともに、同会議が勧告機関であることを明記した。またこれまで唯一司法審査の対象外だった軍事政権期の立法をその対象に入れた。第7次調和法は国家安全保障会議の権限を縮小して本来の諮問会議としての性格を持たせるとともに、開催期間を毎月1回から2ヶ月に1回に減らした。また国家安全保障会議事務局の会議決定事項追跡および監督権限を廃止したほか、事務局長の武官規定も廃止した。また会計検査院が軍事支出を非公開で検査することを可能にした。さらに2003年12月29日の通達が国家安全保障会議事務局の組織と人員を削減し、同事務局と国軍参謀本部との組織的関係を解消するという形で第7次調和法の内容を徹底した(9)。2004年憲法改正は、統合参謀本部の高等教育委員会委員候補擁立権限を廃止するとともに、国軍予算を会計監査の対象にした。第8次調和法は高等教育委員会への国軍参謀総長による1名の指名枠、有害出版物規制委員会への国家安全保障会議による1名の指名枠、ラジオ・テレビ高等委員会への国家安全保障会議事務局による候補権をそれぞれ廃止した。また通信高等委員会において、国家安全保障会議事務局に与えられていた委員枠を廃止した。

(9) これは左記通達が、同事務局に強大な権限を与えていたそれまでの「秘密の」通達を廃止したことにより実現した。Gencer Özcan, “Milli Güvenlik Kurulu,” Ümit Cizre（ed.）, *Almanak Türkiye 2005: Güvenlik Sektörü ve Demokratik Gözetim*, Türkiye Ekonomik ve Sosyal Etüdler Vakfı, 2006, p. 34.

図 2 ：トルコにおける権利と自由の制限(1994-2005)

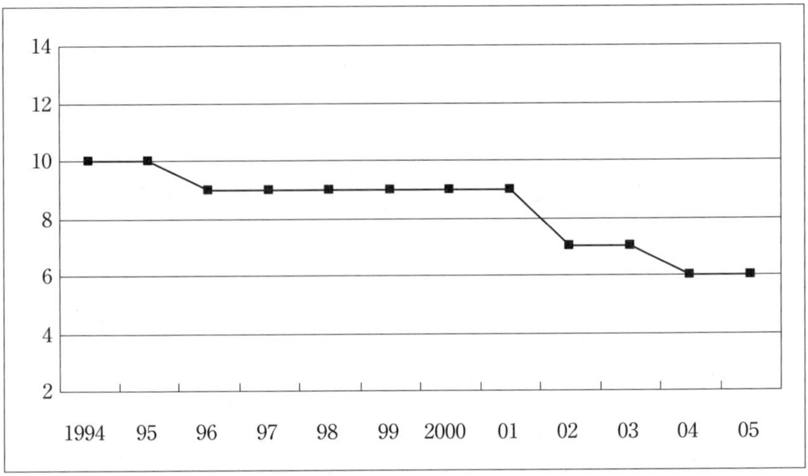

出所：Freedom House ホームページのデータより筆者作成
注：権利の制限と自由の制限の尺度（それぞれ 1 から 7 まで）の合計値で、理論的最低値は 2 、最高値が 14。数値が低いほど制限が少ない。

Ⅲ　改革の効果と限界

トルコのように、法治主義が強く、憲法が詳細で修正が難しい国家において、憲法・法改正自体の持つ意味は大きい。フリーダムハウス（Freedom House）の尺度でもトルコにおける権利と自由の制限は 2001 年改憲以降、着実に減ってきている（図 2 ）。ただし、EU 加盟のための改革の効果をより具体的な次元で体系的に検証するにはデータ上の大きな制約がある。そのため本節では、改革でトルコ政治がどう変わったかを、民主化の焦点となってきた領域における変化ないし象徴的な事例を取り上げて考察する。総じて言えば、前節で見た内容と同様、集団活動の自由化の効果も比較的大きかった。これに対し、言論の自由化、さらに文民統制では象徴的な改革が行われたものの、実質的な進展には限界が目立った。

1 政党と市民社会組織の活動自由化

1995年改憲が市民社会の政治活動を解禁したことは、市民社会の非暴力不服従運動が政権交代に重要な役割を果たすことに道を開いた。1997年2月、国家とマフィアの癒着を徹底解明するよう求めた市民運動（毎晩9時の1分間消灯運動）は、それを抑え込もうとした親イスラーム政党首班連立政権に反発し、軍部とも連帯して世俗主義擁護運動へ転換していった。さらに4月以降は実業家団体、労働組合、文化人組織などからなる広範な大衆行動が連日繰り広げられ、政権に辞任要求をつきつけた。軍事クーデターの噂が飛び交う中、与党第2党の正道党閣僚・議員からの連立解消要求を触発し、エルバカン内閣は総辞職した。

さらに2001年改憲以降の社団法改定の集大成である社団法2004年改正については、トルコの主要な市民社会組織であるトルコ第三セクター財団（TÜSEV）が、過去20年以上の間で最も進歩的な社団法と評価している[(10)]。憲法・法改正は市民社会を活性化させただけではない。市民社会組織は欧州でロビー活動、国内で啓蒙活動を繰り広げ、トルコのEU加盟交渉を勢いづける役割を果たした[(11)]。同財団が2005年に市民社会、政府、民間から成る全国132人へ電話で行った聞き取り調査でも、市民社会組織が社会的問題の解決に「影響力がとてもある」または「影響力がある」との答えの合計で最も多かったのは、EU関係（67.2％）、次いで民主化・思想の自由（63.3％）だった[(12)]。

政党解散についての改革では、1995年改憲は解散させられた議員に関する改正だったために政党解散の阻止に直接つながらなかったが、2001

---

(10) Özbudun and Yazıcı, *Democratization Reforms in Turkey*, pp. 20－21.

(11) 第6章II 参照。

(12) 「影響力がとてもある」、「影響力がある」、「影響力がややある」「影響力がない」の4つの回答選択肢があった。Türkiye Üçüncü Sektör Vakfı, *Türkiye'de Sivil Toplum: Değişim Süreci-Uluslararasi Sivil Toplum Endeksi Projesi Türkiye Raporu*, Istanbul, 2006, pp. 104－5.

年改憲が政党解散への制約を増やした後は、一つの政党も解散されていない。ただし政党の議会進出を妨げる規定は残っている。国会選挙で議席を獲得するためには全国で10％得票しなければならないという条件である。親クルド政党は東部・南東部の選挙区（基本的に県が単位）で大勝するものの全国得票率がこの条件に達さず（2002年総選挙では6.2％）議席を持てずにいる。

2　言論の自由化とその限界

思想上の罪を廃止した憲法改正後も依然として発言内容を理由に逮捕や訴訟が起きることはある。その理由は、その廃止された憲法規定と同様の規定が現行法に残っていることである。特にEUが問題視しているのは、トルコ共和制、トルコ性、ならびに国家組織を中傷することを禁じる刑法第301条である。2005年には作家のパムック（Orhan Pamuk）に対して訴訟が起こされた。スイスの新聞に掲載された「この国土で100万人のアルメニア人と30万人のクルド人が殺されたが、それを誰も言う勇気がなかった」という彼の発言が同条項の「トルコ性の侮辱」に当たるとの容疑だった。それ以外にもたとえば、アンカラ第9重刑裁判所（下級裁判所の1つ）は2007年3月、親クルド政党の民主社会党（DTP）の党首と副党首に対し、2006年3月8日の国際婦人の日の集会で犯罪者（この場合、オジャランPKK党首）を賛辞した罪（刑法違反）および政党集会でトルコ語以外の言語を使った罪（政党法違反）で、1年6ヶ月の禁固刑判決を下した[13]。

しかし一連の法改正後、言論活動に関する訴訟で有罪が確定することは極めてまれになった。法改正後には検察の従来の主張が裁判で通りにくくなっている。パムック裁判でも国際的批判が強まる中、法務省は訴訟開始が法が定めた期限を過ぎていたとの理由で訴えを無効と判断し、裁判は中

(13)　*Cumhuriyet* 10 March 2007.

止された[14]。また思想上の罪での受刑者の釈放が続いた。そして人権監視（Human Rights Watch）報告によれば、意見の非暴力的表現が理由で有罪になった受刑者が確認されたのは 2004 年が最後で、2005 年 11 月時点では存在しなかった[15]。

クルド語による放送やクルド語の教育は法的に自由化されたが実施は遅々としていた。クルド語テレビ放送はまず国営放送で 2004 年 6 月に始まった。ただし放送時間が 30 − 35 分と短い上、平日に毎日別々の合計 5 つの非トルコ語（ボスニア語、アラビア語、チェルケス語、クルマンジュ語、ザザ語）が使用されるため、クルド語（クルマンジュ語、ザザ語）の放送は週 2 回のみだった。また放送全般を監督するラジオ・テレビ高等委員会は民間放送局のクルド語放送申請に対し、書類審査を理由になかなか許可を出さなかった。非トルコ語について、2004 年に制定された放送規定は、放送時間はテレビで一日 45 分、一週 4 時間、ラジオで一日 1 時間、一週 5 時間の上限を定めている。またトルコ語の字幕を義務付けているため事実上生放送ができないなどの制約がある。地方放送局からの 12 の申請のうち 3 つに許可が下りたのは 2006 年だった[16]。クルド語の教育も言語学校で可能になったが、クルド語のために別の校舎を設けなければならないなどの規定が政府により定められた。その一方、クルド語講座が開設されても（現地ではほとんどの人が習得しているために）受講者が少なく閉鎖されることも多かった[17]。

---

(14) *Cumhuriyet*, 22 December 2005.

(15) Human Rights Watch, *Turkey*, January 2005; January 2006.

(16) European Commission, *Turkey 2005 Progress Report; Turkey: 2006 Progress Report*, Brussels.

(17) “Talep Olmayınca Kürtçe dil kursları kapandı,” *Cumhuriyet*, 2 August 2005. なお、クルド語による教育は認められていない。

3　文民統制と軍部の発言

軍部の法的権限を縮小する法改正、特に国家安全保障会議をめぐる改革は、1982年憲法体制を規定してきた政軍関係に大きな変化をもたらした。軍部に対する文民統制を強めることが可能であることを証明し、民選政権の意思決定の裁量を広げた。第1に、キプロス問題で、AKP政権は南北統一による和平への政策転換を、軍部の強い抵抗に遭わずに実現した。第2に、同政権は軍部人事のありかたに注文を付けさえした。軍部人事の意思決定機関で年2回開催される最高軍事評議会（首相主催）では軍内部で宗教反動主義的活動を行った軍人や文民を免職するのが通例である。AKP政権になってからは首相、外相、国防相は、その免職決定に不服申し立ての道が開かれていないことに抗議し、決定に署名はするものの反対意見を添えている。このような政権からの圧力の結果かどうかはともかく、免職数は、同政権になってから低下している。また軍部は基本的に民主主義及び民主化には反対していない。オズキョク（Hilmi Özkök）国軍参謀総長は歴代参謀総長の中でも民主化を擁護してきたし、親イスラームの公正発展党政権にもおおむね中立を保ってきた。また国内世論がEU加盟と政治改革を圧倒的に支持していたときには軍としても自らの権限を制限することに反対しづらかった。

しかし、軍部の内政に関する法的権限の一部は未だに温存されている。たとえば、国軍参謀長が国防大臣ではなく首相に直属しており文民統制が不充分なこと、国軍にトルコ国土のみならず共和国体制庇護の権限が与えられていること（1960年成立の内務法第35条）などである[18]。さらにイラク戦争後にPKKが北イラクに活動拠点を確立してトルコ国内でのテロを再開したことや国内世論がEUの反トルコ世論に幻滅を強めたことは、軍部の発言力を増すことになった。軍部はそもそもイスラーム体制導入を警

---

(18)　Lale Sarıibrahimoğlu, “Türk Sihahlı Kuvvetleri,” Cizre (ed.), *Almanak Türkiye 2005*

戒し、オズキョク参謀総長でさえマスコミを通じた「口先介入」を行ってきた(19)。

2006 年に国軍参謀総長がビュユクアヌット（Yaş ar Büyükanıt）に代わってからは(20)、分離主義などより多くの問題で国軍指導部の発言が目立つようになった(21)。また EU がトルコに「加盟のためのパートナーシップ」および年次報告書で求めている改革のうち、(1)国軍参謀総長が国防相に直属すること、(2)クルド系住民の文化的権利を拡大すること、(3)キプロスから国軍を撤退させること、(4)ギリシャとの国境問題を解決すること、などに反対を表明するまでになった(22)。エルドーアン（Recep Tayyip Erdoğan）首相が北イラクのクルド系指導者との対話路線を探ったところ、ビュユックアヌットが、これに反対する旨を 2007 年 2 月の米国訪問時に公言し、しかもそれが軍全体の意見であることを再度強調すると、首相は対話路線を撤回した(23)。

おわりに

トルコにおける 1990 年代末以降の民主化改革は、EU 加盟のための圧力無しには実現されなかったし、そもそも提案さえされなかった可能性が

---

(19) Metin Heper, "The Justice and Development Party Government and the Military in Turkey," *Turkish Studies*,vol. 6, no.2 (2005 June), pp. 215 - 231.

(20) ビュユクアヌット参謀総長は前任者よりも体制擁護的であるとされる。前任の陸軍司令官だった 2005 年、トルコ南東部のハッカリ県シェムディンリ郡でおきた親 PKK 書店を狙った爆破事件について、容疑者の将校を擁護する発言をして司法介入との批判を受けた。

(21) バシュブー（İlker Başbuğ）陸軍司令官は宗教的反動が懸念される水準に達したと警告する一方（*Cumhuriyet*, 26 September 2006）、分離主義と国際テロにも注意を促した（*Cumhuriyet*, 29 September 2006）。

(22) "TSK AB'ye karşı değil," *Cumhuriyet*, 4 October 2006.

(23) Vincent Boland, "Turkish Military Flexes Some Political Muscle," *Financial Times*, 27 February 2007.

高い。改革の度合いに差異はあった。市民社会組織の政治活動自由化や国家安全保障会議改革は、1961年憲法体制から1982年憲法体制への反動化を是正したという性格が強い。これに対して特に思想上の罪の廃止やクルド語放送の自由化は、トルコ共和国建国以来の2つの意味で象徴的な変革である。1つには、トルコ国家体制の思考様式が代わったことを内外に強く印象づける、効果的な改革である。もう一つには、改革の大きな第一歩であるものの、法体系をこの改革に調和させるためには関連法をすべて網羅する体系的な法改革が必要になる。改革過程で不協和音が聞こえないわけではない。ただしこのうち軍部の反発は、文民統制改革の深化にもまして、国内外の安全保障問題を巡る対応の違いを主な原因としている。たとえばイラク戦争後北イラクを拠点とするPKKによるトルコでのテロ活動が再燃する前、およびEUがキプロス共和国との関税同盟履行を要求する前は、軍部の発言はより抑制されていた。すなわち、EU加盟のための民主化過程を進める上でも遅らせる上でも外的要因の果たす役割は大きい。

第6章
加盟交渉過程の対EU関係・世論への反映

間　　寧

はじめに

EU加盟交渉過程はトルコ国家のEU及び加盟国との関係およびトルコ世論のEUへの態度にどのような影響を与えたのだろうか。結論を先取りすると、トルコの対EU政策および国内の対EU世論は、EUの対トルコ政策に大きく影響されてきた。トルコは国家目標であるEU加盟に関して、EUの誘引に乗りつつも過剰な要求に対しては反発してきた。それはキプロス問題に顕著に現れた。国内世論も同様で、EUの拡大機運が強く、トルコ加盟の希望的予測が高まるとEU加盟賛成世論が盛り上がったが、EU諸国で拡大反対世論が台頭するとトルコ世論でも自国の加盟期待がすぼみ、それに伴って加盟消極ないし反対論が広がってきた。トルコでは依然として加盟賛成論者が多数派を形成しているがその基盤は揺るぎつつある。

I　キプロス問題での対立[1]

トルコはEUへの加盟の期待が強まるとキプロス問題で統合を支持する態度を取り始めた。2003年北キプロス総選挙での統合派支持、キプロス共和国と北キプロスの両住民の相互行き来の自由化承認、EUトルコ関税同盟議定書対象国拡大などである。しかしトルコが要求し、しかもEUが約束した北キプロスへの経済封鎖解除が実現しないと、トルコはキプロス政策を硬化させた。2005年10月にトルコの加盟交渉が開始して以降、キプロス問題はトルコのEU加盟で最大の障害にまで発展した。なお以下では原則として、キプロス島全体を「キプロス」、ギリシャ系キプロスを「キプロス共和国」、トルコ系キプロスを「北キプロス」と標記する。

1　キプロス問題とは

トルコにとってキプロス問題は、①キプロス島の同胞トルコ人の擁護、②トルコの脇腹に位置する安全保障上の拠点の確保、③トルコのEU加盟条件としてのキプロス南北分断の平和的解決、という課題を意味する。キプロスは1974年の内戦をきっかけにトルコ系住民保護を目的としてトルコ軍が侵攻した後、南北に分断された状態にある（**表1**）。トルコ系キプロスは1983年に北キプロス・トルコ共和国として独立を宣言したもののトルコ以外には国家承認されていない上に国際的に経済制裁を受けている。国連を仲介とする幾度もの和平交渉が続けられてきたが、北キプロスとそれを支えるトルコは基本的に統合に反対の立場を続けていた。トルコ系住民はキプロス島で少数派であるため、統合すればギリシャ系の力が強くなるからである。しかし、キプロス統合への支持が2000年「加盟のためのパートナーシップ」の短期的課題に盛り込まれたこと、およびキプロス共和国の2004年EU加盟が2002年に決まったことは、北キプロスとトルコにおける政策転換に道を開いた。

---

(1)　本節の執筆では、平成16年度～19年度東京外国語大学アジア・アフリカ言語文化研究所プロジェクト「東地中海地域における人間移動と『人間の安全保障』」に共同研究員として参加させていただいたことにも多くを負っている。主査の黒木英充教授に謝意を表したい。

表１：キプロス・トルコ関連年表

年	出来事
1571	オスマントルコ支配
1878	統治権は英国に移譲
1914	英国が併合
1923	主権を英国に移譲（ローザンヌ条約第 20 条）
1955	ギリシャ系キプロス住民が反英ゲリラ運動を開始。キプロス闘争国民組織（EOKA）がギリシャとの統合（enosis）を求める
1956	マカリオス大主教（enosis を主導）がセイシェルに追放
1959	マカリオス大主教が帰国、大統領に選出
1960	英国より独立。ギリシャ系、トルコ系共同体が権力分担する憲法に合意
1963	マカリオス大統領が権力分担を廃止する改憲提案、民族対立勃発、トルコ系議員と閣僚が辞任
1964	国連が平和維持軍（UNFICYP）を派兵
1974	ギリシャ軍部支持による反マカリオス大統領クーデター、大統領は国外避難
	トルコ軍がトルコ系住民保護を理由に軍事介入、国土の 37 %を占領
	グラフコス・クレリデス下院議長がマカリオス帰国まで大統領代行
1975	トルコ系が自治を宣言、ラウフ・デンクタシュが大統領に
1977	マカリオス大統領死去、後継はスピロス・キプリアヌ
1980	国連仲介和平交渉再開
1983	デンクタシュが交渉停止、北キプロス・トルコ共和国独立宣言（トルコ以外からは承認されず）
1988	ゲオルギオス・ヴァシリウがキプロス共和国大統領に
1989	ヴァシリウとデンクタシュの交渉決裂
1990	キプロス共和国が EU 加盟申請
1992	ヴァシリウとデンクタシュの交渉が再開するも、決裂
1993	キプロス共和国大統領選挙でクレリデス選出
1994	欧州司法裁判所が北キプロスと EU の直接貿易を非合法と判断
1996	停戦緩衝地帯で暴力事件
1997	国連仲介によるクレリデスとデンクタシュの和平交渉失敗
1998	クレリデス大統領再選
	EU がキプロス共和国を加盟候補国に入れる
	クレリデス政権がロシア製対空ミサイル設置計画、トルコが軍事行動を示唆、クレリデスが計画撤回

2001/ 11	和平合意前にキプロス共和国が EU に加盟すれば、北キプロスを併合するとトルコが警告
2002/ 1	クレリデスとデンクタシュが国連仲介の和平交渉
2002/ 11	アナン国連事務総長が包括的和平提案（アナン・プラン）を提示
2002/ 12	コペンハーゲン EU サミットが、キプロス共和国と北キプロスが 2003 年 3 月までに国連案に合意すれば全キプロスの 2004 年の EU 加盟を認めることを決定
2003/ 2	キプロス共和国大統領選挙。タッソス・パパドプロスが現職クレリデスを破る
2003/ 3	国連仲介による統合は合意に至らず期限終了
2003/ 4	北キプロスが、停戦ラインをまたぐ双方住民の行き来を 30 年ぶりに自由化
2003/ 12	北キプロス総選挙で、統合推進派と反対・慎重派が議席同数。推進派のメフメット・アリ・タラトが首相に
2004/ 1	北キプロスで推進派と慎重派の連立政権発足
2004/ 2	アナン・プランをもとに和平交渉
2004/ 4	アナン・プランについてキプロス共和国と北キプロスで住民投票。北キプロスで可決されるがキプロス共和国で否決された結果、廃案。EU は北キプロス経済制裁解除にむけて合意
2004/ 5	キプロス共和国が EU に加盟
2005/ 4	北キプロス大統領選挙でメフメット・アリ・タラト選出
2006/ 5	キプロス共和国総選挙で、統合反対派の与党勝利
2006/ 7	キプロス共和国大統領パパドプロスと北キプロス大統領タラトが国連仲介交渉で信頼醸成措置と共同体間の交流に合意
2006/ 11	トルコの港湾・空港使用をキプロス共和国に認めることを求める EU とトルコの間の交渉が決裂。トルコは EU の対北キプロス制裁解除が先と主張

出所：Semin Suvarierol, “The Cyprus Obstacle on Turkey’s Road to Membership in the European Union,” *Turkish Studies*, vol 4, no. 1 (March 2003), pp. 55 – 78 および BBC ホームページ（http://news. bbc. co. uk/ 1 /hi/world/europe/country_profiles/ 1021835. stm）より筆者作成

2　EU の要求と北キプロスの統合世論

2000 年「加盟のためのパートナーシップ」の政治的課題の中で、外交に関する具体的な要求は唯一キプロスに関するものであった。それは、短

期的課題として、キプロス問題の国連事務総長による解決努力を強く支持することだった[(2)]。2003 年の「加盟のためのパートナーシップ」改訂でもこの要求は続けられた。アナン（Kofi Annan）国連事務総長がキプロス統合のための国連によるこれまでで最後の提案として、ギリシャ系、トルコ系双方のキプロス住民に提示したのがアナン・プラン（Annan Plan）である[(3)]。2002 年の初案（その後 4 回にわたり改訂）は、①ギリシャ系、トルコ系という二つの構成国家（スイスの「州」に相当）から成る国家、②現在のトルコ系キプロス側からギリシャ系キプロス側に全島面積の 9 %の割譲[(4)]、③ギリシャ系住民のトルコ系キプロス側への帰還権、④駐留トルコ軍の段階的撤退などを含んでいた。

北キプロスは独立宣言以来デンクタシュ（Rauf Denktaş）大統領がトルコを後ろ盾に個人支配を続けてきたが、国際的経済制裁という閉塞状態が続く中、体制批判の動きも現れてきた。2000 年 7 月には新聞記者のスパイ容疑での逮捕に抗議する野党や市民運動が 1 万人規模のデモを主催し、デンクタシュ大統領退陣を求めるとともにトルコによる北キプロス支配を批判した[(5)]。さらに 2002 年のコペンハーゲン欧州理事会が、キプロス共和国の 2004 年の EU 加盟を認める一方、キプロス島のギリシャ、トルコ両共同体が 2003 年 3 月までに国連案に合意すれば北キプロスの同時加盟を認めることを決定すると、北キプロス世論は統合に大きく傾いた。同理

---

(2) 外交に関する唯一の中期的課題としてギリシャとの関係を示唆する「継続中のすべての国境紛争および他の関連問題を平和的に解決すること」があったが、前者に比べて非常に一般的な要求である。

(3) 詳しくは以下を参照。David Hannay, *Cyprus: The Search for a Solution, London*, I. B. Tauris, 2005.

(4) キプロスの面積は 9251 平方 km（四国の約半分）、総人口は 802,000 人（国連、2003 年）で、うちギリシャ系が 77 %、トルコ系が 18 %を占める。北キプロスは全土の 37 %を占める。

(5) Cyprus Mail, www. hri. org/news/cyprus/cmnews/ 2000/ 00－07－20. cmnews. html.

事会の最終日から2003年1月にかけては、8万人規模（北キプロス人口の3分の1）のデモが行われ、アナン・プラン賛成、北キプロスのEU加盟が求められた[6]。統合賛成派の中心は、北キプロスにおける多数派である、1974年以前から居住するトルコ系住民だった。少数派の1974年以降トルコから移住してきたトルコ系住民は北キプロスが領土やギリシャ系旧住民の帰還・財産権などの面で譲歩するのを拒み、統合に反対した。

他方、トルコでは2002年11年総選挙でのAKP勝利がキプロス政策に転換をもたらした。エルドーアンAKP党首は詩の引用で宗教的扇動をした犯歴により国会議員に立候補できなかったため、新政権では党首として外交活動を開始した。2002年12月のコペンハーゲン欧州理事会ではトルコの加盟交渉開始決定が期待され、エルドーアン党首は米国の後押しも得て交渉開始をEU首脳に強く求めた。そしてその見返りにキプロス統合を支持することを提案したのである。EUはそもそもキプロス問題と加盟交渉開始は直接関連しないと明言していたことからするとこの提案は無益だったように見える。しかし、イスラーム運動との繋がりを理由にトルコ体制エリートから猜疑の目で見られていたエルドーアンが、国際的支持を取り付けることにより政権基盤強化を狙ったとの見方もある[7]。エルドーアンは、選挙法改正を経た国会補欠選挙で当選した後の2003年3月に首相に就任した。

統合世論の高まりとトルコのキプロス統合支持は、北キプロスの現状維持派から統合派への政権交代の原動力となった。まず2003年12月の北キプロス総選挙である。従来トルコは北キプロスにおける選挙で大統領派を勝利させるための様々な肩入れをしていたと言われる。しかし同選挙ではエルドーアン首相は中立維持をさえ超えて、統合に反対するデンクタシュ

---

(6)　Hannay, *Cyprus, pp.* 197–8.

(7)　Müge Kınacıoğlu and Emel Oktay. "The Domestic Dynamics of Turkey's Cyprus Policy: Implications for Turkey's Accession to the European Union," *Turkish Studies*, vol. 7, no.2 (June 2006), pp. 261–273.

大統領を批判した。これらの結果、1%弱の僅差ながら統合派が勝利し、統合派を首班として現状維持派を第 2 与党とする連立政権が誕生した。トルコ政府はその後も「加盟のためのパートナーシップ」に従い統合案を後押しした。統合案は 2004 年 4 月にキプロス南北同時住民投票にかけられた。北キプロスでは可決されたが（住民の 65 %が賛成）、キプロス共和国で否決されたために（住民の 76 %が反対）、同時成立の条件を満たさず統合案は廃案となった。その結果、キプロス共和国は単独での EU 加盟を選んだのである。トルコはエジェビット政権時の 2001 年、キプロス共和国が EU に加盟した場合はトルコと北キプロスが統合すると警告していたが、キプロス共和国の EU 加盟が決まった後には、トルコ側にこの選択肢はもはや無かった。北キプロスではその後もキプロス共和国との統合気運が維持された。首相のタラト（Mehmet Ali Talat）が 2005 年 4 月の大統領選挙に立候補して勝利し、同国初の統合派大統領となった。デンクタシュは政界を引退した。

3　制裁継続、要求拡大、加盟交渉凍結

キプロス住民投票後、EU は北キプロスの賛成決議を評価し、1983 年から続いている北キプロスへの経済制裁解除や 2 億 5900 万ユーロの経済支援（南北統合が実現した場合に北への供与が想定されていた）などを考慮するとしていた。しかし現実にはキプロス共和国の抵抗などにより、北キプロスへの EU による経済制裁は解除されず、経済支援の約半額（1 億 2000 万ユーロ）が取り消された。これに対し EU のキプロス問題での要求は終わらずむしろ拡大した。トルコは 2005 年 7 月、2004 年 12 月ブリュッセル欧州理事会が定めた交渉開始条件を満たすため、EU・トルコ関税同盟追加議定書に「キプロス」（「共和国」は無し）を含む 2004 年新規加盟 10 ヵ国を列挙した。ただしトルコは同時に、これがキプロス共和国の承認を意味しないことを宣言した。これに対し EU は 2005 年 9 月、トルコの宣言が一方的なものであり、議定書に対して法的効力を持たないことを宣言、ト

ルコとEUの間で緊張が高まった。

2005年「加盟のためのパートナーシップ」でEUはキプロス問題についてトルコに対する要求を増やした。2000年および2003年の「加盟のためのパートナーシップ」での要求は、キプロス問題の国連による解決努力を強く支持することだったのに対し、キプロス共和国を含むEU新規加盟10ヶ国へのアンカラ協定追加議定書の履行、キプロス共和国を含む全EU加盟国との二国間関係の正常化、およびトルコEU関税同盟の遵守を求めたのである。これは2004年12月のブリュッセル欧州理事会決議での要求を強化したものである。特に、キプロス共和国との関税同盟の遵守は、キプロス共和国からの船舶及び航空機のトルコへの乗り入れを認めることを意味する。トルコ世論がEUへの反発を強める中、トルコ政府はこの要求に抵抗し続けた。2005年10月に加盟交渉が開始された後も、キプロス共和国とトルコの間の海上・航空交通の自由化は、トルコとEUの間の最大の争点に発展した。加盟交渉では政治経済に関する（加盟交渉国としては最多の）35の条項（chapter）について交渉が行われているが、キプロス共和国の拒否権発動などにより、加盟交渉開始から1年経っても1項目しか交渉が終わらなかった。2006年12月のブリュッセル欧州理事会では上記争点をめぐり、加盟交渉全体が取りやめになる可能性もあったが、35条項のうち8条項の交渉を中断することでEU諸国の合意が成立し、トルコにとって最悪の事態は回避された。

II　加盟をめぐる世論と社会勢力

本節ではトルコにおけるEU加盟世論の浮沈とそれを規定する要因を考察する。トルコのEU加盟準備・交渉過程が進展するにつれてトルコ国民のEU加盟見込みおよび期待する利益は徐々に変質してきた。以下ではトルコの世論調査分析に依拠し、加盟世論において特に外的要因が重要であることを指摘する。

図 3 ：トルコ世論における EU 加盟の是非

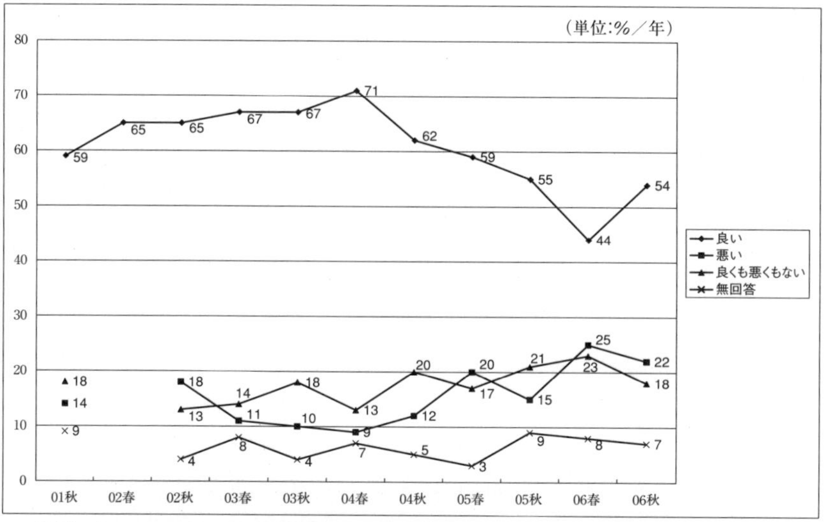

出所：Eurobarometer 各回調査より筆者作成

注：「一般的に考えて、トルコの EU 加盟は良いことでしょうか、悪いことでしょうか、良くも悪くもないでしょうか」との質問に対する回答。2002 年春は「良い」以外の回答が報告されていない

1　加盟世論の変遷

ユーロバロメター（Eurobarometer）がトルコ国内で行った世論調査によれば、トルコの EU 加盟を良いことと考えるトルコ人回答者の比率は(8)調査が開始された 2001 年以降、2004 年前半にかけて緩やかに上がり、その後低下に転じている（図 3）。トルコにとってこの 2004 年後半が大きな転換点だったと判断できる。2004 年後半には、トルコの EU 加盟交渉開始時期の提示を 12 月の欧州理事会で控え、トルコの EU 加盟が以前よりも実現性を帯びてきたことから、ドイツやオーストリアなどがトルコ加盟反対論を唱えはじめていた。ドイツの次期首相と見なされていたキリスト教民主党のメルケル（Angela Merkel）党首がトルコを EU に正式加盟させず特恵的パートナーシップ待遇を与えることを提案した時期である。

その後もキプロス問題でのEUからのさらなる譲歩要求に加え、2005年5月、6月にフランスとオランダにおけるEU憲法国民投票を契機として欧州における反トルコ世論が高まったことなどはトルコにおいてEUに対する幻滅と憤りを生んだ。2006年春は加盟を良いと考える意見が半年前に比べて10ポイント近く下がった。同年秋には10ポイント戻しているが、これがさらに上向くことは現状では考えにくい。つまり、トルコにおけるEU加盟世論は、長期的にも短期的にも、トルコの国内事情にも増してEUの対トルコ政策や世論に大きく規定されてきたように見える。

2　加盟世論を規定する要因

加盟世論を規定する様々な変数の重要性は、加盟準備過程が進展するにつれて変化してきた。トルコ社会経済政治調査財団（TÜSES）により1996年、1998年、および2002年に実施された国内世論調査結果からは第1に、EU加盟に賛成する理由として、経済が最も多いものの、年を経るほど政治・法的権利に比重が移ってきたことが伺える（図4）。EU加盟のための改革がトルコ政治改革に繋がることをトルコ国民が認識したためであろう。第2に、同様に加盟反対理由のうち、宗教・文化・価値観的理由の比率が減る一方、EUへの猜疑心の比率が急に高まった（図5）。これら

(8)　トルコにおけるEU加盟世論の尺度として用いられてきた質問には2つある。一つはEU加盟についての国民投票が行われた場合に賛成かを問うもの（投票世論）、もう一つはEU加盟がトルコにとって良いことかを問うもの（評価世論）である。加盟世論を測る上では本来は投票世論がより適している。しかし長期にわたって一貫した投票世論データが無いことから、本章では評価世論データを用いた。トルコ国内における1996年から2006年までの様々な世論調査は投票世論データを含んでいるが、調査手法が統一されていないためか、各回での変動がやや大きい。これに対し、ユーロバロメター調査の投票世論データは、漸進的に推移している。しかしながら投票世論データは加盟候補国を対象としていたため、2004年に10ヶ国が加盟した後、同質問は無くなってしまった。このため、トルコについて同データは2001年から2004年までしか存在しない。

図 4 ：EU 加盟賛成の理由

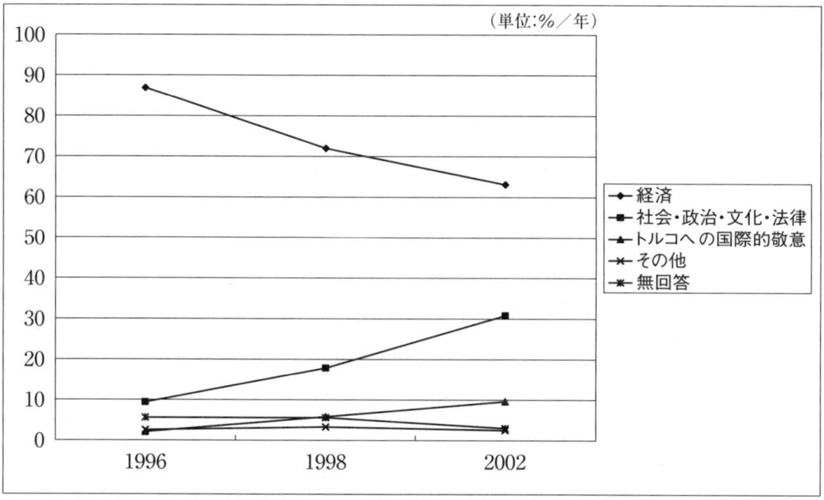

出所：Necat Erder, *Türkiye'de Siyasi Parti Seçmenlerinin Nitelikleri, Kimlikleri ve Eğilimleri*, Istanbul, Türkiye Sosyal Ekonomik Siyasal Araştırmalar Vakfı（TÜSES）, 1996; Necat Erder, *Türkiye'de Siyasi Parti Seçmenleri ve Toplum Düzeni*, Istanbul, Türkiye Sosyal Ekonomik Siyasal Araştırmalar Vakfı（TÜSES）, 1998; Necat Erder, *Turkiye'de Siyasi Partilerin Yandaş/Seçmen Profili*, Istanbul, Türkiye Sosyal Ekonomik Siyasal Araştırmalar Vakfı（TÜSES）, 2002 より筆者作成

2 つの現象は、2002 年以降の加盟準備・交渉の時期について別の方法で調査したチャルクオール（Ali Çarkoğlu）の分析結果とも整合的である。

トルコにおいて誰が EU 加盟を支持しているのかについて、チャルクオールは 2002 年と 2006 年の世論調査データを分析した(9)。両者の質問項目は必ずしも一致していないため、厳密な比較はできないが、その結果も上記と同様、加盟（準備）過程の進展がもたらす影響を物語っている（表 2）。国民投票での賛否を（統計的に有意に）規定する変数は、2002 年には、EU 加盟による個人生活の好転、今後 10 年での EU 加盟の見込み、大学・大学院学歴、クルド語知識（以上、正の効果)、宗教性、（以上、負の効

図5：EU加盟反対の理由

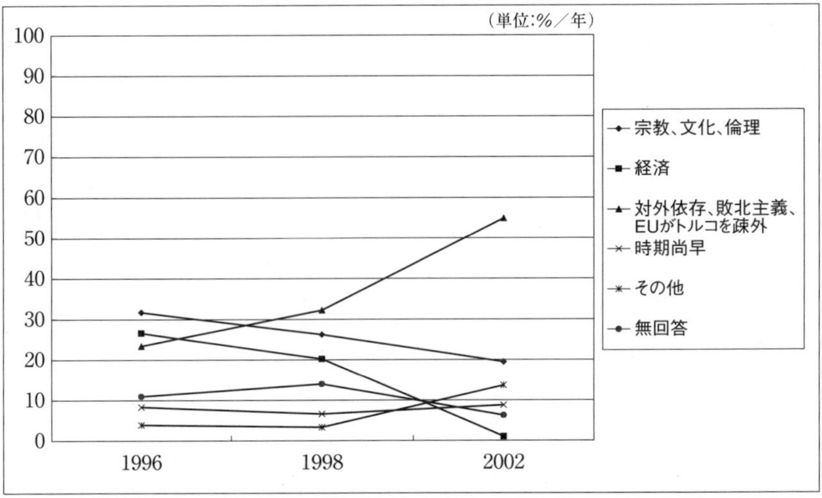

出所：図2に同じ

果）などだった[10]。

このうち特に重要なのは、一つにはEU加盟に対するトルコ国民の支持が、加盟による利益（の認識）とは別に、加盟の可能性（の認識）に大きく影響されることである。その背景には、加盟が仮にトルコにとって有益であっても加盟の見込みが少ないときに加盟を賛成したくないし、トルコを拒否するようなEUにあえて入れてもらう必要もないという心理がある。EUの対トルコ政策が穏便になれば加盟論は回復することが予想できる。

---

(9) Ali Çarkoğlu, "Who Wants Full Membership? Characteristics of Turkish Public Support for EU Membership," *Turkish Studies*, vol. 4, no. 1, (March 2003), pp. 171－194およびAli Çarkoğlu, "Turkey and the EU: A Cultural Divide?" Paper presented at the EUIJ International Conference "European Political and Cultural Indentities in the Age of EU Enlargement," 16－17 September 2006, Tokyo University of Foreign Studies, Tokyo.

(10) Çarkoğlu, "Who Wants Full Membership?" p. 185.

表２：加盟見込みを規定する要因

質問文（質問番号）	回答（%）			
		トルコ	EU 25 ヶ国	差
トルコの欧州連合加盟はこの地域の安全保障を高める（vqb 3 _ 3）	賛成	64	33	31
	反対	20	51	− 31
	無回答	16	16	0
トルコの加盟は高齢化する欧州人口の若返りを助ける（vqb 3 _ 6）	賛成	76	29	47
	反対	10	50	− 40
	無回答	14	21	− 7
トルコと欧州連合の間の文化的差異はこの加盟が認められるには大きすぎる（vqb 3 _ 5）	賛成	55	61	− 6
	反対	30	27	3
	無回答	15	12	3
トルコの加盟は EU における先進国への移民を促進する危険がある（vqb 3 _ 7）	賛成	63	66	− 3
	反対	18	20	− 2
	無回答	19	14	5
トルコが約 10 年で EU に加盟するためには人権を一貫して遵守しなければならない（vqb 3 _ 8）	賛成	73	85	− 12
	反対	13	6	7
	無回答	14	9	5
トルコが約 10 年で EU に加盟するためには経済状態を大いに改善しなければならない（vqb 3 _ 9）	賛成	72	77	− 5
	反対	14	9	5
	無回答	14	14	0

出所：*Standard Eurobarometer 66/Autumn 2006: First Results* より筆者作成

もう一つにはクルド人の間でEU加盟支持が強いことである。EUは従来からクルド人をはじめとする少数派の権利擁護に大きな関心を払っており、それがEUの求める憲法・法改正に反映されていることからすれば、クルド人が他のトルコ国民よりもEU加盟を支持することは理解しやすい。なお政党別支持と加盟賛否の間に有意な関係は無かった。ほとんどすべての政党がEU加盟を支持しているためである。

2006年の結果を見ると、2002年調査結果からの大きな変化が2つある。第1に、EU加盟のための改革が始まった当初の2002年には宗教（イスラーム）的価値観が強い人々はEU加盟に反対する傾向があったのに対し、2006年にはこの傾向はもはや無くなっていた[11]。この頃までに、同改革は基本的人権や文民統制に進展してきた。民主化改革が世俗主義の最大の擁護者である軍部の力を抑制することに繋がるため、宗教的自由の拡大を望む人々の利益にかなったと言える。第2に、クルド人が他のトルコ国民よりもEU加盟に賛成するという傾向が見られなくなった。クルド人はEU加盟が特に民主化をもたらすためにこれを支持していたため、トルコ国民一般の間にもEU加盟賛成者の理由として民主化（政治的・法的理由）を挙げる人々が前述のように増えてくると、クルド人と非クルド人の間の違いはもはや重要でなくなったのだろう。

3　加盟見込みを規定する要因

トルコの世論が加盟を支持しつづけるためには加盟見込みを持てることが必要であることはすでに見た。しかし他方、加盟見込みについてのトルコの認識がEUのそれよりはるかに楽観的であるとすれば、トルコは交渉過程で大きな幻滅を味わうことになる。ここではまず、加盟見込みを規定する要因についてのトルコ国民の認識を、EU世論と対比して概観してみよう。この問題についての質問をユーロバロメターは2005年春調査で初

⑾　統計的に有意でなくなったとの意味である。以下同様。

めて取り上げたが、ここでは最新の 2006 年秋調査をもとに考察する。第 1 に、EU にとってのトルコ加盟支持の誘因・阻因である。誘因が強く、阻因が弱いほど加盟見込みは強まると考えられる。トルコ加盟支持の誘因と考えられる安全保障の強化や人口の若返りをトルコ世論が EU 世論よりかなり過大に評価している（それぞれについてのトルコと EU の賛成は 64 %と 33 %ならびに 76 %と 29 %）。これに対し、阻因と考えられる文化的差異の大きさおよび移民増加の可能性については両者の世論がほぼ一致している（それぞれについてのトルコと EU の賛成は 55 %と 61 %ならびに 63 %と 66 %）。第 2 に、トルコが 35 の政策領域での加盟交渉を終えるための政治的および経済的課題である。トルコ世論の大多数は政治的、経済的課題のいずれについても大きな改革が必要と感じている。ただし、経済的改革についてトルコ国民は賛成 72 %で、EU 世論（同 77 %）と同程度に必要性を認識しているのに対し、政治的改革についての認識は 73 %で、EU 世論（85 %）の水準に達したとは言い難い。上記 2 点からすると、トルコ国民は、トルコ加盟による EU にとっての不利益を EU 世論と同程度に認識しつつも、他方でトルコの EU への貢献が正当に評価されないことに不満を感じるのではないか。また、政治改革での意気込みはあるものの EU からのさらなる要求に遭遇して幻滅感を味わうこともありうる。

ところでトルコや EU における世論以外に、市場の動向も、トルコ加盟見込みの認識を考える上で重要である。実はトルコの加盟交渉開始が決まった 2004 年末以降、トルコへの長期的な投資である外国直接投資が急速に増えている（図 6）。トルコへの直接投資は、1980 年以降の市場経済化以降も低調で、海外資本の流入はもっぱら短期の利ざや稼ぎのための間接投資（証券投資と誤差脱漏の合算として計算される）に限られてきた。間接投資は政治・経済的安定が損なわれると急に逃避し、1994 年や 2001 年などに経済危機を招いてきた。それが、2006 年には直接投資が GDP の 5.2 %にも達するとともに(12)、間接投資を上回るようになった。また直接投資の増加は単に民営化（国営企業の売却）によるものではなく、（金融や保険を

図6：トルコへの資本流入(1985-2006)

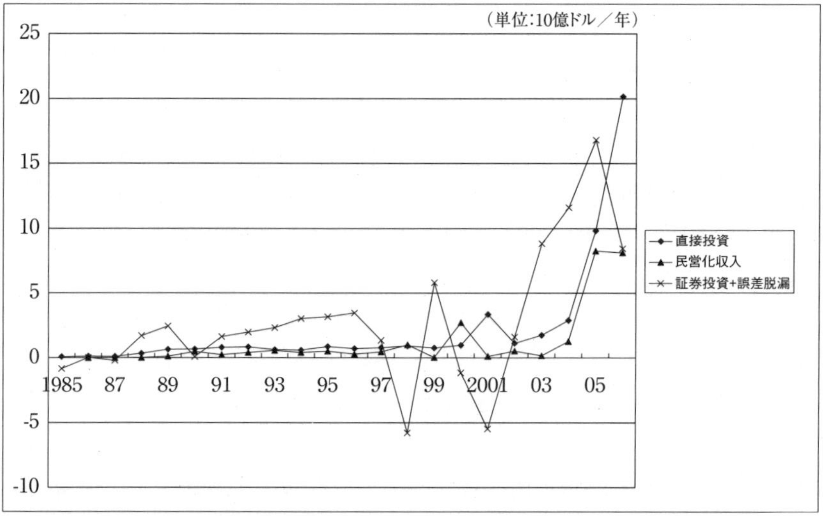

出所：トルコ共和国中央銀行ホームページ（www. tcmb. gov. tr）のデータより筆者作成

中心にしているとは言え）民間企業への長期投資に支えられている。これらの変化はトルコとEUの交渉開始によりトルコのEUへの経済的統合がより深まり制度化される見込みが強まったことの証である。

4　加盟議論と社会勢力

前述の世論調査の結果はEU加盟に対する個人の選好を示したものだが、それではEU加盟はどのような社会勢力により推進あるいは阻害されてき

(12) Economic Intelligence Unit, *Turkey: Country Forecast–Updater*, April 6th 2007. ブルガリアとルーマニアでは2004年のEU加盟後に直接投資が急増し、2006年推測値はGNP比でそれぞれ、7.2％、7.8％に達した（Economic Intelligence Unit, *Bulgaria: Country Forecast-Main Report*, August 4th 2006; Economic Intelligence Unit, *Romania: Country Forecast-Main Report*, June 12 th 2006）。未加盟のトルコが両者の水準に近づいたことは注目に値する。

たのだろうか。EU 加盟のための国内改革は、EU からの要求に対して政府が受動的に実施してきた。その理由で改革は、政権内部の消極・反対勢力により遅延することはあった（本節Ⅱ 3 参照）。また、一般国民の間で EU 加盟の漠然とした願望は強いものの、政府の政策についての知識は乏しいため、EU 調和法に対する強い賛成（または反対）の世論は生まれなかった。一般国民は EU 加盟の法改正に強い関心を示していたわけではない。2002 年 10 月に全国 2000 名を対象とした面接アンケート調査の結果によれば、その約 2 ヶ月前の 8 月 3 日に議会で承認された EU 調和法の内容を一部でも覚えていた回答者は 25 % にすぎなかった(13)。

そのような状況で政府を鼓舞するとともに世論形成を働きかけてきたのは、経済界の団体である。経済開発基金（İKV）は 175 の団体とともに市民社会プラットフォームを 2002 年 5 月 9 日に設立した後、トルコの EU 加盟のために時間を無駄にできないとする公式声明を発表した。その声明に署名したのは、トルコ最大の財界組織であるトルコ商工会議所同盟（TOBB）、イスラーム系の実業家団体である独立実業家連盟（MÜSİAD）から左派系労働組合連合である革命労働組合連合（DİSK）までと多岐にわたっていた。大企業を代表するトルコ実業家連盟（TÜSİAD）は 5 月 29 日、EU 加盟のための改革を議会、政党に要求する新聞一面広告を出し、死刑廃止と少数派言語に関する法律改正案を提示した。また、TÜSİAD 代表団は国軍参謀本部を訪れて自らの意向を伝えた(14)。TÜSİAD は他方、EU の実業家団体連合に加盟、ブリュッセルに事務所を開き、トルコ政府の EU 加盟国に対する低調なロビー活動を補う役割も果たした。実業界団

---

(13) Ali Çarkoğlu and Ersin Kalaycıoğlu, *Turkish Democracy Today: Elections, Protest and Stability in an Islamic Society*, I. B. Tauris, 2007, p. 52.

(14) Jonathan Sugden, “Leverage in Theory and Practice: Human Rights and Turkey's EU Candidacy,” Mehmet Uğur and Nergis Canefe (eds.), *Turkey and European Integration: Accession Prospects and Issues*, Routledge, 2004, pp. 254 – 255.

体の「欧州化」により、トルコのEU加盟過程が加速されたのである[15]。

イスラーム派ないし運動は過去においてEU加盟に反対してきたことで知られる。西洋キリスト教文明がイスラーム文明とは異質で対立するという理由である。しかし2月28日過程以後、イスラーム派の政党や知識人の大半はトルコのEU加盟を多少の留保はあれ支持する立場を固めた。EU加盟条件である民主化を進めることが、世俗主義エリートの政治力を牽制することにつながるからである。たとえば2月28日過程のようなトルコの世俗主義エリートによるイスラーム勢力の「弾圧」を防ぐことができる。ただしその意味で、EU加盟を支持するイスラーム派の主張は、欧州の一部になるというよりは、欧州に入ることにとどまっている[16]。また、親イスラーム政党が2月28日過程の後EU加盟支持を明確にしたことについて、イスラーム派エリートの多くは、親イスラーム政党が同過程での「教訓」を学んで意識を変えたと解釈したが、世俗主義エリートはその真意について懐疑的だった[17]。

おわりに

EU加盟交渉過程が準備過程から本交渉へと進むにつれ、トルコ国民の期待は、経済的利益一辺倒から民主化効果をも含むものになった。特に文民統制への期待は宗教的保守勢力がEU加盟支持を強めた大きな理由であ

⒂ Serap Atan, "Europeanization of Turkish Peak Business Organizations and Turkey-EU Relations, Uğur and Canefe (eds.), *Turkey and European Integration.*

⒃ Burhanettin Duran, "Islamist Redefinition (s) of Identities in Turkey," Uğur and Canefe (eds.), *Turkey and European Integration.*

⒄ Effie Fokas, "The Islamist Movement and Turkey-EU Relations," Uğur and Canefe (eds.), *Turkey and European Integration, pp.* 153－154. 2000年と2001年にアンカラとイスタンブルで行われた（イスラーム派および世俗派の）トルコ人エリートに対する約100回のインタビューに基づく。

る。しかし、2004 年 12 月までに加盟交渉開始のための条件（コペンハーゲン基準）が達成したと判断されながら、その後に EU 側が加盟条件の上積み（「サッカー・ゴールの後退」）を続けたことは、トルコ世論に大きな失望をもたらし、加盟支持率の低下につながった。また、トルコ加盟の影響についてのトルコと EU における認識の差は、EU にとっての不利益ではなく利益について顕著である。すなわちトルコ世論は、トルコ加盟がもたらす EU の経済的負担を認めた上でそれに代わる EU への貢献を強く信じているのである。現在のような遅々とした加盟交渉では加盟決定は 20 年はかかるとされるうえ、欧州世論で EU 拡大への反対が以前より強まるなどトルコにとって状況は厳しい。そのような中で市場は、トルコが加盟交渉開始により EU との関係をさらに深め、制度化したことを評価している。これは、トルコの EU 加盟交渉が仮に特恵的パートナーシップに終わったとしても少なからぬ経済的効果が期待できることを示唆している。

【参考文献】

〈欧文文献〉

Albright, Madeleine with Bill Woodword, *The Mighty & the Almighty*. New York: Harper Perennial, 2007.

Arıkan, Harun, *Turkey and the EU: An Awkward Candidate for EU Membership?* (Second Edition) Aldershot: Ashgate, 2006.

Aydın, Mustafa and Çağrı Erhan, *Turkish-American Relations: Past, Present and Future*. London: Routledge, 2004.

Çarkoğlu, Ali, and Barry Rubin (eds.), *Turkey and the European Union: Domestic Politics, Economic Integration and International Dynamics*. Frank Cass, 2003.

Çarkoğlu, Ali and Ersin Kalaycıoğlu, *Turkish Democracy Today: Elections, Protest and Stability in an Islamic Society*. London: I. B. Tauris, 2007.

Dalaman, Cem, *Die Türkei in ihrer Modernisierungsphase als Fluchtland für deutsche Exilanten*. Berlin: Freie Universität, Dissertation, 1998.

Gottschlich, Jürgen, *Die Türkei auf dem Weg nach Europa: Ein Land im Umbruch*. Berlin: Ch. Links Verlag, 2004.

Güngör, Baha, *Die Angst der Deutschen vor den Türken und ihrem Beitritt zur EU*. Kreuzlingen: Heinrich Hugendubel Verlag, 2004.

Hannay, David, *Cyprus: The Search for a Solution*. London: I. B. Tauris, 2005.

Herbert, Ulrich, *Geschichte der Ausländerpolitik in Deutschland: Saisonarbeiter, Zwangsarbeiter, Gastarbeiter, Flüchtlinge*. München: C. H. Beck, 2001.

Hooghe, Liesbet and Gary Marks, *Multi-Level Governance and European Integration*. Lanham: Rowman & Littlefield Publishers, 2001.

Hunn, Karin, *"Nächstes Jahr kehren wir zurück..." Die Geschichte der türkischen "Gastarbeiter" in der Bundesrepublik,* Göttingen: Wallstein Verlag, 2005.

Ker-Lindsay, James, *EU Accession and UN Peacemaking in Cyprus*. London: Palgrave Macmillan, 2006.

Klaus J. Bade, "Ausländer- und Asylpolitik in der Bundesrepublik Deutschland: Grundprobleme und Entwicklungslinien", Friedrich-Ebert-Stiftung, *Einwanderungsland Deutschland: bisherige Ausländer- und Asylpolitik; Vergleich mit anderen europäischen Ländern*, 1992.

La documentation Française *La Turquie et l'Europe*. Questions internationales No. 12 mars-avril 2005, Paris: Secrétariat général du gouvernement, 2005.

Leggewie, Claus (Hrsg.), *Die Türkei und Europa: Die Positionen*. Frankfurt am Main: Suhrkamp , 2004.

Levy, Daniel, Max Pensky and John Torpey, (eds.), *Old Europe, New Europe, Core Europe*. New York: Verso, 2005.

Ludlow, Peter, *The Making of The New Europe*. EuroComment, Brussels: 2004.

———,*Dealing With Turkey*. EuroComment Briefing Note Vo. 3 N. 7, 2005.

Maresceau, Marc and Erwan Lannon, (eds.), *The EU's Enlargement and Mediterranean Strategies*. London: Palgrave, 2001.

Meerts, Paul W. and Franz Cede (eds.), *Negotiating European Union.* London: Palgrave Macmillan, 2004.

Müftüler-Baç, Meltem, *Turkey's Relations with a Changing Europe.*

Manchester: Manchester University Press, 1997.

Özbudun, Ergun and Serap Yazıcı, *Democratization Reforms in Turkey (1993–2004)*. Türkiye Ekonomik ve Sosyal Etüdler Vakfı, 2004.

Özcan, Gencer, "Milli Güvenlik Kurulu," Ümit Cizre (ed.), *Almanak Türkiye 2005: Güvenlik Sektörü ve Demokratik Gözetetim*. Türkiye Ekonomik ve Sosyal Etüdler Vakfı, 2006.

Shimmelfennig, Frank and Ulrich Sedelmeier (eds.), *The Europeanization of Central and Eastern Europe*. Ithaca: Cornell U. P., 2005.

Uğur, Mehmet and Nergis Canefe (eds.), *Turkey and European Integration : Accession Prospects and Issues*. London: Routledge, 2004.

Uğur, Mehmet, *The European Union and Turkey: An Anchor/Credibility Dilemma*. Aldershot: Ashgate, 1999.

〈和文文献〉

小川有美編『ポスト代表制の比較政治』比較政治叢書 3（早稲田大学出版会、2007 年）

木畑洋一編『ヨーロッパ統合と国際関係』（日本経済評論社、2005 年）

澤江史子『現代トルコの民主政治とイスラーム』（ナカニシヤ出版、2005 年）

間　寧編『西・中央アジアにおける亀裂構造と政治体制』研究双書 No. 555、独立行政法人日本貿易振興機構（アジア経済研究所、2006 年）

羽場久美子 . 小森田秋夫 . 田中素香編『ヨーロッパの東方拡大』（岩波書店、2006 年）

中村民雄編『EU 研究の新地平』（ミネルヴァ書房、2005 年）

日本国際政治学会編『新しいヨーロッパ――拡大 EU の諸相』国際政治 142（有斐閣、2005 年）

森井裕一編『国際関係の中の拡大EU』(信山社、2005年)
ジャン=ドミニック・ジュリアーニ(本多力訳)『拡大ヨーロッパ』文庫クセジュ(白水社2006年)

〈欧文雑誌〉

Common Market Studies
International Organizations
Journal of European Public Policy
Turkish Studies
West European Studies
Internationale Politik
Aus Politik und Zeitgeschichte

〈和文雑誌〉

『法政研究』(九州大学法学研究院)
『現代の中東』(IDE-JETROアジア経済研究所)
『ヨーロッパ研究』(東京大学大学院総合文化研究科・教養学部)

〈新 聞〉

Cumhuriyet
Financial Times
International Herald Tribune
Le Monde
Süddeutsche Zeitung
Turkish Daily News
EUROPA Rapid Press Releases
EUobserver

〈報告書〉

Human Rights Watch, Turkey, January 2005, January 2006.

【参考文献】

E. I. U. Country Report Turkey

〈**EU 公文書**〉

Regular Report-Turkey（1998, 1999, 2000, 2001, 2002, 2003, 2004, 2005, 2006）

European Council Presidency Conclusions

Eurobarometer

事項索引

【さ】

【た】

【な】

【は】

人名索引

EU拡大のフロンティア——トルコとの対話——

2007(平成19)年12月10日　第1版第1刷発行

編　者　八　谷　まち子
発行者　今　井　貴
発行所　信山社出版株式会社
〒113-0033　東京都文京区本郷6-2-9-102
TEL　03（3818）1019
FAX　03（3818）0344

Printed in Japan　印刷・製本／亜細亜印刷

出版契約№5450-01010

ISBN978-4-7972-5450-1　C3332

5450-0101-012-040-020／5450-0101 p. 224：p 2900 E